Nein, nie will ich Torero sein,
denn ich meine,
der Stier ist ein Mond,
je weiter er weg ist, je besser.

Pierre Imhasly
CORRIDA

mit Texten von Vicente Aleixandre,
Juan Belmonte, José Bergamín,
Camilo J. Cela, Miguel Cervantes,
Barnaby Conrad, Gregorio Corrochano,
Federico García Lorca, Robert Graves,
Ernest Hemingway, Miguel Hernández,
Pablo Neruda, Rainer M. Rilke,
John Steinbeck, Kenneth Tynan

mit Fotos von Arjona, Paco Cano,
Lucien Clergue, Yvan Dalain,
Horst Munzig, J. D. Rouiller,
Erich Schöpfer und anderen.

Edition Erpf Bern und München

© 1982 by Edition Erpf · CH-3001 Bern
Gestaltung: Felix Pfammatter · Visp
Gesamtherstellung: Druckerei Appl · Wemding
Reproduktionen: Repro-Center Färber & Co. · München
Produktion: Verlagsbüro Walter Lachenmann · Buchendorf
ISBN 3-256-00015-0
Printed in W-Germany

Inhaltsverzeichnis

Fünf Uhr nachmittag, Mutter	7
Der Präsident gibt ein Ohr	17
Ihr Mädchen von Guadalajara	41
Es ist Nachmittag auf allen Uhren der Welt	44
Hierher, mein tapferes Stierchen	48
Erhabener Stier, du Allmächtiger	54
Für Weisheit Salomo, Paquiro als Torero	56
Aus Sevilla die Grazie, aus Ronda der Mut	71
Miguel Márquez, mein Matador	79
Was wird aus mir geworden sein	86
Ay Córdoba, Cordobita	89
Ohne den Stier wäre ich nicht hier	96
Als Zugabe das Herz	98
Schon liefen meine Ochsen	101
Zum Cristo del Gran Poder will ich flehn	112
Um fünf kommt mein Stier gelaufen	115
Der gute Stierkampf ist alter Wein	119
Toreo ist die 4. Dimension, amigo	128
Ein Stierkampf-ABC nur leicht angetippt	132
Vom März bis in den Oktober	138
Corrida, Toreo, Tauromagia	143
Dann tanzt im Weiss Chiclanas Paquiro	144
Texte zum Stierkampf, eine kleine Anthologie	149
Quellen- und Fotonachweis	192

Für
Verónica Márquez.
A Verónica Márquez,
hija y niña
del matador.

Fünf Uhr nachmittag, Mutter, mach doch die Fenster auf!

Bestimmt wird mein Torerillo dem Stier Sevillanas vortanzen.

Veronica mit ihren vier, fünf Jahren, sie hat es, wenn sie in der Sierra del Niño an Vaters Hals auf einem scheuenden Pferd vor den Sichelhörnern des Zuchtbullen durch die aufgeschreckte Herde wilder Kühe reitet und dabei losschreit – vor Freude, nicht aus Angst. Auf den Puppenweiden ihrer Kinderträume mögen Stierchen stehn, und sollte einer je angreifen: Vater wird den *quite milagroso* machen, das rettende Manöver.

Antonio, der Philosophiestudent in Zürich, hat es. Wußte er doch seine Arbeit über den Prager Dichter für höhere Fräuleinchen mit Leidenschaft und Akkuratesse zum tauromachischen Traktat zu schmieden, das Francisco Montes, Paquiro, den mächtigen Torero des Neunzehnten ins Rund der Hörsäle holt. Antonio hatte, wie Rilke, zwei Freundinnen auf einen Schlag, eine mit Auto, eine mit Kamera. Während ihn jene von Sevilla nach Valencia chauffiert, wo man die Corrida bei halber Sintflut abbricht, fotografiert ihm diese in den *corrales* einer dritten Stadt Stiere. Wieder zuhause, zeichnet Antonio mit der Hingabe mittelalterlicher Illuminatoren Stammbäume von Stierzuchten, malt sie aus, bis er, statt der Freundinnen, nur noch *señales* im Kopf hat, Brandzeichen, und *divisas.* Antonio mag Freundinnen vergessen; aber er hat es.

Negus hat es, der Bühnenarbeiter vom Schauspielhaus, der für die Gewerkschaft kämpfte und für Fidel Castros blumigen Weg übers Zuckerrohr in die Kerker der Freiheit. Negus fuhr via Huelva und um Huelva herum, bis er eine *plazita de toros* fand, die so klein war und alt und verlassen, daß sie ihm sozusagen allein gehörte. Er hätte sie heimnehmen mögen. Als Curro Romero, von allen Geistern genarrt, wieder so schlecht war, daß sie ihm Nachtgeschirr in den *ruedo* servierten, hätte Negus am liebsten geweint. Denn Negus hat es, wie Curro es eigentlich hat.

Bei dem runden Akademiker José María de Cossío bekam das in seinem Lebenswerk, den 4104 Seiten TOROS in vier Bänden, eine solche Verve, daß die beiden enzyklopädischen Anhänger, die es nun postum schließen, Cossíos Aroma trotz verbesserter Drucktechnik bedauernd vermissen lassen. Cossío hatte es.

Hemingway hatte es, da er sich den Himmel nur in Form zweier ewiger *barrera*-Plätze vorzustellen vermochte.
Und jene galicischen Fremdarbeiter haben es, die eine Schweizer Altstadtpinte mit *carteles* verblühter *ferias* lebendig machen.
Die rund sechstausend beim Stierkampf Aktiven und Arbeitslosen haben es, die hinter dem zweiten Dutzend Stars rangieren, also deklassiert sind, abgeschoben, zur Seite gedrückt, die nichts verdienen, drauflegen, nicht wissen wo abendessen – und die ebenso unbeirrt von gestern erzählen wie sie auf morgen warten, auf das Wunder hoffen.
Sein sprichwörtlicher Ehrbegriff reicht nicht aus, den Tod von Manolete zu erklären. Er muß es in hohem Maß besessen haben. Hätte er sonst an einem Stier, von dem alle Umstehenden sahen, wie er Terrain schnitt, also zu schnell war und illoyal, hätte er sonst an einem solchen Stier, der legal abzumurksen gewesen wäre, die *suerte de matar,* die Stunde der Wahrheit, gravitätisch in ihre Teile zerlegt, wie es kein Lehrbuch vorschrieb, so daß man den Degen noch singen hörte, als Manolete schon an dem Horn hing, das ihn zerfetzte!
Manolete muß viel davon gehabt haben.
Was man haben muß, ist *afición,* jene Schwierigkeiten, Hindernisse, Mißlichkeiten überwindende, nicht blinde, sondern wissende Anhänglichkeit zur Corrida. Die in der Bibel steht, nicht mehr, nicht weniger: Und redete ich die Sprache von Menschen und Engeln, hätte aber nicht *afición,* so wär ich ein tönendes Erz und eine klingende Schelle.
Afición. Das heißt heute: sich einen Mühlstein um den Hals legen, ins Wasser springen und – statt zu schreien – schwimmen. *Afición* heißt, heute: verrückt sein. Wie die Toreros. Im Komparativ.
Papa negro, Patron einer großen Stierkämpfer-Dynastie, Vater der Bienvenidas, prägte den Satz, es sei einfacher, einen gängigen Matador heranzuzüchten als einen guten *aficionado.* Man muß trotzdem versuchen einer zu werden. Denn es gibt auch hier eine Muse, die den geplagten Scholaren küßt, wenn der, verzweifelt, unter der Last des Lernens einzuknicken droht. Und sie erscheint ihm keineswegs in Picadorenrüstung, die Muse.
Ein Amphitheater will ich einreißen mit eigenen Händen, bekomm ich die Kalkarena in ihrem Erstkommunikantenweiß zurück, Antequera, Schwalbennest über Bandolerofelsen, wo Miguel die Luft reinigte, ein Gewitter, das den Stier mit Grandezza strafte; als wäre er nicht da. Eine Emotion fuhr uns ein, die Bronchien sprengte. Der Himmel, erzwungen, klarte, Turmsegler spielten verrückt. Alles schmeckte anders, danach, die Farben, Gerüche, mein und dein Leben. Das war der Matador, hatte den Tod verblasen. Nicht mystisch, sondern gut und schön. Flöten in der Luft. Ich ein Insekt, dem blähten die Tracheen.
Oder Madrid, die Schwarzmärkte blühend ins Astronomische: Paco Camino, Santiago Martín el Viti, Miguel Márquez und die Victorinos, *madre que los parió a estos toros!* Miguel der Schweiger erzählte, als wäre es sein

José M. de Cossío, Schriftsteller und lebtags ein wahrer Enzyklopädist der Corrida, mit dem Mentor und Philosophen José Ortega y Gasset, der über Stiere schreiben wollte, darob verstarb.

letzter Abend. Er hatte es durchgemacht, weiß Gott, die Miserie, die *maletillas* erleiden, zehnjährige Jungen, die zuhause durchbrennen und nicht willens sind zurückzukehren, ehe sie Toreros oder Krüppel geworden. Sein Bündel auf dem Rücken, hatte Miguel sechs Jahre kein Bett gesehn; wir erstarrten vor Achtung. Die von nichts als Brotkrumen zersprungenen Lippen, wenn es Brot war. Das Auf- und Abspringen auf Holztransporte, oder außen an der Waggontüre gehangen, bis der Schaffner durch den Zug war. Die ganze Rauhreif-Meseta. Der Schnee um Salamanca, Campo Charro, bei den Stieren, Schnee und nichts dagegen an. Im abgestellten Bahnwagen dem Tag entgegensehn, der Polizei. Die Guardia Civil, noch nie als Schleck verschrien, und dann und wann Gefängnis, weil man Stiere nicht heranholen soll, auf offener Weide, nachts, beim Mond oder der Karbidlampe. Auch nicht in den *corrales,* wo sie auf die Matadore warten. Kein Mädchen, kein Kino, nur dies eine: einem möglichst großen Stier drei gute Schwenks geben. Mit einer geliehenen Capa, einer zerlumpten Muleta. Bei Dorfkämpfen zwischen aufgestellten Karren, *capeas,* wo jeder zweite der Akteure mit einem hölzernen Bein herumlief und von Glück sagen konnte: Er war am Leben.

Von *ilusión* war sehr die Rede, ehe wir schwiegen, am Abend vor den Victorinos in Madrid. Von *ilusión* war die Rede, was die professionelle *afición* der Toreros ist. Das Wort gefiel mir. Wollte man es ins Deutsche nehmen, man müßte Zentner dranhängen, zentnerweise Unbedingtheit, Askese, Verrücktheit, zwei Meter Don Quijote. Und jenen magischen Brunnen, Fuente de la Yedra, hinter Málaga und vor Colmenar, an dem der irdene Wasserkrug zu füllen war, der hoch im Heck des alten Plymouth hockte. Zelebranten vor dem Parnass, wuschen wir also, sei es zwei in der Nacht, Gesicht und Hände daran, ansonsten uns das Glück verließ. Wir konnten es gebrauchen, zu acht in dem *coche cuadrilla,* von Stieren nicht zu reden.

Pepe konnte es gebrauchen, der Picador, der zu dieser Stunde aller Voraussicht nach am Erdnüßchen-Knacken war; sein Vertrauen in das Brunnenwasser nicht unbegrenzt, und so küßte er denn nach jedem Kampf seine vierundzwanzig Heiligenbildchen vorn und hinten ab, zum Schluß das Kuvert, in das sie wieder mußten, den hölzernen Koffer, worauf sie eine Corrida lang gestanden.

Nono, der Degenbewahrer, der das Autoradio ersetzte, wenn es, eine Art Mozarabisch, aus ihm sprudelte; bei dem Wissen, das er über sie verbreitete, mochte er eine Menge Glück bei Frauen brauchen, um aus einer klug zu werden. Scharf auch der Schluß, mit dem er Diskussionen beendete: Die andern – für ihn von Despeñaperros aufwärts alles eine Art Eskimos – schlügen einander vor Hunger die Köpfe ein, während wir Andalusier *con cante y baile,* mit Tanz und Gesang darüber hinwegkämen, eines sei wie das andere!

Pepe Ortiz, der Banderillero mit dem Zirkel auf dem Sand sinnierte gewiß an dem läßlichen Glück der Landeslotte-

Ernest Hemingway, der über Stiere schrieb, bis die Anglosaxen es verstanden, mit Paco Cano in Pamplona. Aus dem ehemaligen Novillero ist ein professioneller Stierkampf-Fotograf geworden.

Der Matador Miguel Márquez und seine Cuadrilla, die Mannschaft, bestehend aus drei zu Fuß kämpfenden Banderilleros, das sind die Peones, und zwei reitenden Picadores. Der Degenbewahrer, Mozo de espadas – Organisator, Butler, Sekretär, Knecht, Vertrauter –, er ist es, der den Maestro in einer feierlich zu nennenden Zeremonie vor dem Kampf ankleidet. Wenn der Matador zur geforderten Serenität kommen und in der Arena taugen will, muß er in diesem ausgedehnten Ritual den Alltag ablegen, ein anderer werden.

Im Coche cuadrilla, dem Mannschaftswagen – die größten und die ältesten Ungetüme –, auf nächtlichen Landstraßen, in fremden Städten, auf den Kampfplätzen quer durchs Land werden, über Monate, halbe Jahre, Mannschaft und Meister eine Schicksalsgemeinschaft auf Gedeih und Verderb. Die Cuadrilla hat es besser: War der Chef gut, sind wir es gewesen; versagte er mit seinen Stieren, hatte der Maestro nun mal einen schlechten Tag, da können wir nichts machen.

rie herum; das große Los, einer mußte ja gewinnen.
Und Manuel Espinosa, ein echter Señor, mit dem man manierlich einen Wein trinken, dem man vielleicht gar für eine Weile allen tauromachischen Weltschmerz in Obhut geben konnte; und Manolo Ruíz, am Kampftag ein Kind, das vor der Weihnachtsbescherung feuchte Augen bekommt, Manolo, so sehr darauf bedacht, vor keinem Stier je zu rennen, daß ihm die langen Schleifschritte zweite Natur zu werden drohten; und Cárdenas, der gut ritt, auch *nervioso* wie ein Rennpferd war und sauer, wenn ihm ein Stier durch die Latten ging, so daß er ihn nur geritzt mit seiner Pica, oder der ihn umgestoßen, samt Pferd gehoben, in den Sand geworfen hatte, da hieß es nicht viel fragen – ihnen allen war *suerte*, war Glück nicht gerade die Vokabel, die sie gern aus ihrem Jargon gestrichen hätten.
Wenn in der Morgenfrühe nach langer Fahrt Madrider Straßenschilder in unsere Müdigkeit blinkten und blendeten, als müßten wir das Augenlicht verlieren, da mochte das ganze Glück der Welt sehr wohl in einer heißen Schokolade liegen, in einem *churro,* gedrehtem Ölgebäck, und in einem sauberen Bett.
Ein Glück und eine *barbaridad* muß es gewesen sein, Miguel mit einem Stier zu sehn, als er noch Wutanfälle bekam wie jenen in Aranda del Duero, wo es, nach Toulouse, Zamora, Salamanca, bei seinem zweiten Stier des Nachmittags als Trophäe nicht den achten Schwanz in Serie gab: Acht Stiere, sieben *rabos,* das war ihm zu wenig, damals. Toros mochten ihm Hoden herausschälen, er brachte es zu Ende, daß sie ohne Gnadenstoß fielen, *sin puntilla,* ehe man ihn, mit den Ohren des Stieres, in die *enfermería* trug, wie in Talavera de la Reina, damals. Chocolate war auch gut, selbst wenn ihm bei seinem Bäuchlein des öftern eine Banderilla vom Stier fiel, womit er bei Gott nicht der einzige blieb; aber die Augen, die er machte, als er uns im Flughafen Chocolatito vorstellte, seinen Sohn, sechzehnjähriges Bubi, das nach Perú flog, um, kaum aus dem Stimmbruch heraus, in der Fremde Stierohren zu holen – sein Sohn, der so viel versprach, der, wenn er Glück hatte und Gott mittat, Matador würde, nicht *peón* – die Augen, die Chocolate machte, da er seinen Sohn vorstellte, sie wogen jeden Bergsee auf.
Und Antonio José Galán brauchte einen Haufen Glück für seine Nummern. Wenn er den Clown machte im *ruedo,* wenn er Etikette vermissen ließ und sich auf Äste hinauswagte, die brachen, war er am Ende und pokerte, was traurig mitanzusehn, aber irgendwie ergreifend war.

Die Miene von Miguel Montenegro, Antonio J. Galáns erstem Peón, verrät es, da er den Stier ablenken muß: Er schätzt diese unorthodoxe Art des Tötens gar nicht, bei der Galán ohne Muleta mit bloßem Degen in den Stier geht, sich auf die Hörner nehmen läßt, Gott weiß, im Operationszimmer erwacht. Die Berufskollegen, die mit ihm auftreten, können dem auch nicht viel abgewinnen, denn: Fällt Galan aus, haben sie dessen Stiere zu töten.

Zwei Meter vor mir ließ er in Madrid erstmals seinen Türken ab, da er einen schlechten Tag hatte – grün im Gesicht, aus Überdruß und Angst: Angst nicht vor dem Stier, vor den Leuten –, und der Miura nichts von ihm wissen wollte. Ein städtischer *pueblerino* hatte ihm aus Verachtung seinen Hut vor die Füße geworfen, als Antonio eben profilierte. Antonio schmiß die Muleta weg, packte den Hut, fuhr ab, direkt in die Wiege der Hörner. Der Stier nahm ihn mit, warf ihn hoch. Er machte eine schöne *campana*, den ganzen vollen Schwang einer Glocke machte er, durch die Luft, da er ja keinen andern Ausgang hatte, über dem Rücken des Stiers, so daß der Bulle alle vier von sich streckte, als Antonio landete und auf dem Sand für einen schlechten Kampf zwei Ohren fand. In Sevilla versuchte er es mit einem Pablo Romero, umsonst; doch in Pamplona hatte der brandgefährliche Miura, ein Mörder der Sonderklasse, von den Picadoren bis zum Präsidenten alle längst aufgedeckt und als unfähig entlassen, so daß Antonio in seiner Verzweiflung nichts blieb, als mit bloßen Händen in den Stier zu gehn; unschön, gegen Kanon und Ästhetik, aber auch herzzerreißend, mir zerriß es das Herz.

Miguels Devise, er glaube an Gott, wenn er kämpfe, will ich vorsichtig gedeutet haben: als Stoßgebet, als Demut vor dem Stier und als Gottgleichheit beim Austeilen des Todes.

Der Tod denkt uns mit, Tag für Tag. Und deutlicher denn je an jedem neuen Morgen. Da mag es nicht schaden, wenn man als *antidote,* als Gegengift, ein paar magistrale *verónicas* von Rafael de Paula im Gepäck hat; zwei *chicuelinas* von Paco Camino; S.M. et Vitis souveräne *estocadas;* Miguels vibrierend stoischen *desplantes,* in denen er, auf den Knien, einen Victorino im Rücken, diesen so zentimeterweise um sich dreht, daß man, ehe einem das Herz stockt, drei Gelübde abgelegt hat, auf daß das nur gut gehe! Und, so er schon ausbricht, Curro Romeros Wahn des Schönen, der dich in jene Tiefe reißt, in der du zum Teil davon wirst, nicht ahnst, wie dir geschieht, und dennoch schwörst, du hättest ihn gesehn, mit eigenen Augen, den *angel,* den Engel, der sich neben Curro stellt und ihm den Arm führt.

Der Präsident gibt ein Ohr und das Stierchen den Hornstoß

Gut ist, wenn Sie vor der Corrida an Spaniens ungehaltensten Zerberussen, den Türhütern der Arenenanhängsel vorbei in den *patio de caballos* hineinkamen, Ambiente schnuppern und die Pferde riechen konnten. Nie haben Sie jemanden hastiger rauchen sehn, als die Männer hier in ihren glitzernden Kostümen aus einer anderen Zeit, die, in Ballettschuhen, den *capote de paseo* umgeschlagen, je nach Temperament Nervosität kaschieren, in sich gehn, souverän spielen oder verkrampft lustig sind. Draußen fällt die Tür eines schweren Wagens zu. Von Hochrufen getragen, von Menschenmassen geschubst, schlüpft einer im Lichtgewand durch das drängelnde Spalier, durch die Hintertür, verschwindet, bleich, ohne ein Wort, via die nächste im Bauch der Arena, wo er in der Kapelle seinen ersten Schweiß ablegt – vor der gnadenlosen Uhr, die ihm im Kopf tickt, seit er die seine abgelegt hat. Das war der Matador. Dreimal wird sich des Volkes Stimme erheben, denn drei Matadore treffen ein. Auf dem Stahl der geschienten Picadorenstiefel blitzt die Sonne Götterdämmerung, ein Banderillero schlägt – die Nieren, der Puls, die Blase, als wäre er vor dem Examen seines Lebens – zum zweiten Mal Wasser ab, beiläufig, in die Rinne, durch die sich der Schlauch der Schlächter entleert, die hinter dem Gittertor des *desolladero* Messer wetzen, Fleischerhaken prüfen. Der Boxerhund, der die blaustichigen Affichen längst vermoderter, doch unvergessener Matadore bewacht – ein Manolete, ein Joselito, ein Mazzantini –, er sieht nicht aus, als ließe er einen von ihnen auch nur aus dem Grabe steigen, und für Sie ist es Zeit geworden, sich nach einem Ausgang umzusehen; wenn sie auch ingeniös konstruiert sind – zur Stunde, da sie sich füllen, sind die großen Plazas Labyrinthe; man hat sich schnell vertan, läuft falsch und verpaßt den ersten Stier; denn hat es erst einmal begonnen, gibt es für den Säumigen auch nach dem Reglement keinen Pardon.

Daß es, um zünftig zu wirken, *barrera* sein müsse, ist ein Aberglaube unter Angefressenen, der keiner Prüfung standhält. Wenn Sie, wie wir anderen, Nicht-Torero sind, brauchen Sie, auch optisch, Überblick, und der fehlt Ihnen da unten, wo man, auf Höhe des Stieres, dran ist.

In einem guten Tendido, nicht zu weit von der Stelle, wo die Toreros ihre Paradecapas ausbreiten – denn dort arbeiten sie, so der Stier es nicht anders will, unter dem Präsidenten die längste Zeit –, sitzt man zwischen Reihe drei und neun sehr vorteilhaft; was die Sicht betrifft, nicht den Eintrittspreis. In Madrid darf es, bei der Feria im Mai, *sol* sein. Tendido 7, der ist voll von guten einheimischen Aficionados, und von oben links haben Sie die bissigen, oft berechtigten, manchmal phantasievollen, dann und wann ganz unmöglichen lautstarken Kommentare der berühmt-berüchtigten Andanada 8 im Ohr, Schrecken eines jeden Präsidenten. In Sevilla, die Feria ist nach Ostern, vielleicht *sol y sombra*. In Pamplona, San Fermín, Juli bereits, riskiert man in *sombra* nicht, daß einem von hinten die Paella, der Champagnerkübel oder der Angeheiterte selbst in den Schoß fällt.

Werfen Sie einen Blick auf die Präsidentenloge. Ist diese besetzt, wird es gleich losgehn. Im Süden, wo die Fiesta ihre ludischen Reize voll auslegt, reihen sich neben dem Präsidenten in hohen Mantillas geschnürte Versprechen auf, die Reinas, Königinnen, die Schönsten. Die Präsidentschaft, das sind Notabeln: Magistrat, Zivilgouverneur, Polizeipräfekt oder ihre Delegierten. Ihnen steht mindestens ein *asesor,* Experte in Stierkampfdingen, meist ein älterer Matador, ein exquisiter Aficionado, in jenen Entscheiden bei, die das Reglement durchzusetzen haben und mit verschiedenfarbigen Taschentüchern, aber auch durchs Telefon, an den *ruedo* übermittelt werden.

Unter der *puerta entrada cuadrillas* stehen sie, im Licht schon. Einer zerrt, klein aber hochgereckt, noch schnell an der blöden Kravatte, die ihm den Rest von Luft abschneidet, wo man doch unter diesem Lichtgewand eh fast erstickt. Die schwarzen Augen des andern, für immer hineingekehrt; der Schatten einer zu schweren *montera* teilt sein Gesicht in eine Weichkäs- und in eine Grünspanseite. Stummer, ernster denn je der dritte. Sein Blick, als stünde er vor dem Neolithikum und sähe hindurch auf Büffelherden. Die drei Matadore, links der älteste, in der Mitte der jüngste, rechts der zweite, immer was die *alternativa* angeht, nicht den Jahrgang. Hinter ih-

nen haben sich, der Anciennität nach, ihre *peones,* die Banderilleros eingereiht. Von hinten drängen die Pferde der *picadores.* Einer reißt, da es ihn gleich zersprengt, den Arm zurück, einer preßt, was ihm noch in der Lunge blieb, durch die Lippen, einer zieht den Cristo del Gran Poder seiner Paradecapa enger um die Schultern. Ein Paso doble setzt ein, ein schnelles Kreuz geschlagen, die Geste nach hinten, die Geste zur Seite – *que Dios reparta la suerte!* soll Gott das Glück verteilen –, *paseillo,* sie schreiten über den Sand. Ihre Glieder sind schwer geworden, doch das Herz erwacht, uns läuft etwas über den Rücken. Hinter den *picadores* der *treno de arrastre,* das geschmückte Eselsgespann, das die toten Tiere hinausschleift, die *monosabios,* die gelehrten Äffchen mit dem verblüffenden Namen – sie haben schon manchen Torero mit einem *quite a cuerpo limpio* gerettet, die *areneros,* die den Sand in Ordnung bringen. Angeführt wurde der Einzug von zwei *alguaciles,* kostümierten Reitern aus der Zeit Philipp II., die, während die Toreros ihre Seidencapas ablegen und die Kampfcapas probieren, während die *picadores* auf ihren Mähren wieder hinausreiten, als dessen Weibel beim Präsidenten den Schlüssel zum *toril* abholen.

Clarines, die hohen, scharfen Clairons, Trompeten, das dumpfe Grollen einer Zymbel. Die *puerta del miedo,* das Tor der Angst geht auf. Heraus stürzt ein Untier, das, da es ans Licht kommt, alles aus dem Weg räumt, was sich ihm in den Weg stellt.

Wenn es gut geht. Im schlechteren Fall steckt der Stier verkehrt herum in den *chiqueros,* und es braucht einige Anstelligkeit, ihn herauszulocken. Oder er ist feige, angeschlagen, ein Trugbild von einem Stier, schleicht herein wie eine aztekische Großmutter auf Glatteis, oder oder.

Oder er lahmt, er hat sich ein Horn abgebrochen. Dann erhebt sich ein Pfeifkonzert, bis daß sich der Präsident überwindet und mit Hilfe der *cabestros,* zahmer, dressierter Ochsen, den Stier herausnehmen läßt, ihn auswechselt, was sich dieser, als Herdentier, gefallen läßt und was, bis er abtrabt, ein ergötzliches Schauspiel bietet.

Der Stier ist quer durch den Sand in den jenseitigen *burladero* gefahren, Holzplanken, hinter denen ein Matador steht. Gut! Wie ein Berg stemmt er sich in der Mitte des *ruedo* auf, von wo aus er das Geschehen zu bestimmen gedenkt, noch besser! Er hält sich an den Ausgang, von wo er hereinkam, beginnt den Sand abzuschnuppern, als wollte er grasen, fängt an zu muhen und zu scharren, dreht vor der ersten *capa* um, die ihm entgegengehalten wird. Er dreht Runden längs der *tablas,* springt gar über die Abschrankung in den *callejón,* in dem sich die restlichen *cuadrillas* aufhalten. Bedauern Sie, bei der Feigheit dieses Stieres, den Matador, der ihn durchs Los gezogen hat. Zu brillieren wird es nichts geben, und es kann schlecht, langweilig oder unnütz gefährlich werden.

Sie sollten jetzt nur noch den Stier im Auge behalten. Er ist es, der Schwierigkeiten macht, der zu studieren und zu verstehen ist. Den Mann bekommen Sie von selber mit; was der Mann tut, begreifen Sie schneller. Sie sollten versuchen, den Stier mit den Augen des Matadors zu sehen, jede seiner Reaktionen zu ahnen, aus dem Kampfgeschehen abzuleiten.

Er wird nun, in der *brega,* von seinen *peones* dem Matador vorgeführt. Damit er sich eine Vorstellung mache von der Verfassung, den Qualitäten und den Eigenheiten seines Gegners. Dabei sollten die Banderilleros den Stier nur aufdecken, nicht bekämpfen, sollten, im Prinzip, mit ihren Capas in einer Linie vor dem Stier herlaufen, was, die Capa in der einen Hand, fast keiner mehr kann. Es darf nicht lange dauern, der Stier lernt schnell. Und das Prinzip der Corrida beruht darauf, daß der Bulle noch nie allein einem unberittenen Mann gegenüber stand. Corrida hat eine ganz ausgeklügelte Strategie, jedes Manöver baut auf dem anderen auf; das Ganze führt dahin, den Stier in der vorgeschriebenen Zeit so zu präparieren, daß der Mann ihn mit einem Degen töten kann. Wird Dominierung nicht erreicht, lernt der Stier zuviel, dem Mann bliebe kaum eine Chance, lebend aus der Arena herauszukommen.

Sie sahen, wie frank, wie spontan der Stier angreift? Kommt er in gerader Linie? Wie unwillig, verzögert, wie kurz! Er benutzt immer das selbe Horn, oder waren es

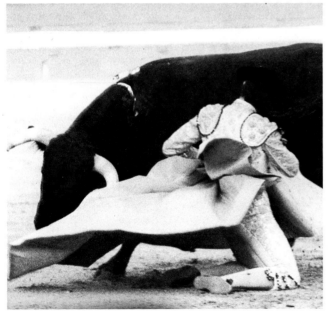

beide? Sie sahen, daß er schneidet, auf den Mann hält, gar diesen sucht, resolut, hinter dem Tuch. Oder daß es ihn zwanghaft nach einem bestimmten Ort in der Arena zurückzieht, nach jedem Angriff, zu dem er sich herausgefordert sah. Sie gelangen dem auf die Spur, was der Matador wissen muß, wenn er hinausgeht und den Stier mit seinem Capote annimmt, einfängt, fixiert.

Mit dämpfenden, saugenden *verónicas* nimmt er den Impetus des Stiers auf die Ebene des Mannes herunter, nimmt dem Toro mit jeder von ihnen einen Schritt Terrain ab, zwingt ihn unter, geht mit ihm auf die Mitte des *ruedo* zu. Mit einer *media verónica,* bei der er die Capa um die Hüfte windet, läßt er den Stier stehn, wendet sich von ihm ab. Vielleicht war der letzte *pase* dieser Serie eine duftige *revolera,* dann ging die Capa bauschend in die Luft, oder einfach ein *recorte,* bei der man dem Stier den *capote* ruckartig wegreißt, so daß er, sich verrenkend, stehen bleibt. Alle drei Manöver sind *remates,* Abschluß-Figuren.

Es hat, bei der Corrida, die Sie sahen, alles ganz anders

Da sich das Interesse des großen Publikums heute deutlich auf die Faena, damit an die Muleta wendet, hat die Capa für den Torero etwelche Attraktivität eingebüßt. Allerdings, bei Leuten, die einen Capote gebrauchen können, entfaltet dieser nicht nur eine betörende Schönheit, sondern, da der Stier an der Capa noch ungebrochen ist, Leidenschaft, Sinnlichkeit, Intensität.

(Im Uhrzeigersinn) Hereingekommen, legen die Toreros die Paradecapas ab und probieren die Kampfcapas aus, streifen damit ein Stück Nervösität ab.

Sehr sevillanisch läßt Manolo Cortés die Arme herunter, die Füße geschlossen. Das Tuch bleibt glatt, wie aus dem Schrank.

Die Chicuelina, eine Quite-Figur, muß, wie hier bei J. M. Manzanares, sehr präzise ausgeführt sein, sollen Mann und Stier nicht auseinanderfallen.

Eine hohe Verónica, wie sie Rafael de Paula kaum einer nachmacht.

Die Media verónica von Paula, mit offenem Zirkel, Ronda Schule, geht über alle Schule hinaus in die spontane, reine Kreation.

Auf den Knien bringt Julio Robles mit diesem Remate, einer Abschlußfigur, den Stier zum Stehen.

begonnen? Noch ehe die Clarines zum Auftakt bliesen, kniete, den Capote vor sich ausbreitend, der Matador in den Sand der Arena nieder, fünf Meter vor dem Tor, durch das ein schwarzes Ungetüm heraustieben soll? Als der Stier ihn, blind, geblendet, überrennen wollte, schwang der Mann das Tuch hoch über den Kopf, lenkte das Tier über sich hinweg in die Arenenmitte? Drehte sich, immer noch auf den Knien, im Halbkreis und machte das verwegene Manöver ein zweites Mal. Eine *larga cambiada a puerta gayola* oder ein *cambio de rodillas*. Da können Sie ja gespannt sein, der Mann hat etwas vor mit dem Stier und mit Ihnen; heute will er sich nicht lumpen lassen; eine Vorgabe leistete er schon, und Mut werden Sie ihm gewiß nicht absprechen.

Nun haben die beiden Picadores ihre Pferde mit den dikken Steppmatratzen an den äußeren der beiden konzentrischen Kreise gedrängt, die den *ruedo* dritteln in: *tablas, tercios, medios*. Die Picadore stehen gegenpolig an den Rändern des *ruedo*, einer von ihnen jeweils in Reserve, falls der Stier ausbrechen, einen Abgang suchen sollte.

Im Zentrum hat der Matador den Stier in *suerte* gestellt, in jene Position, aus der heraus er seinen Angriff beginnen mag. Der hebt den Schwanz, zuckt ein Ohr und greift das Pferd von weitem an, hebt Roß und Reiter, als wären sie Stroh, wirft beide zusammen in die *barrera*.

Oder: Der tut keinen Wank.

Der Picador zetert, ruft, schreit, schmeißt seine Lanze drohend gen Himmel, nimmt Anlauf, kreiselt, trapst, zickzack, pendelt vor und zurück ... na endlich, das Tier tut den Gefallen.

<small>Damit es tauromachisch einen Sinn gibt, muß der Picador (oben) sein Pferd beschützend den Stier mit der Lanze abfangen und dann elastisch und sensibel sein. Ein heikles, ein schwieriges Unterfangen, das, da die Pferde – im Jargon: Sardinen – mit schweren Steppmatratzen geschützt sind, nur allzu oft gar nicht erst versucht wird. Man stellt dem Bullen ein Panzerroß quer in den Weg, läßt ihn hineinsausen und stochert drauflos (links). Das Ergebnis läßt meist nicht lange auf sich warten (rechts). Der Stier ist nichts und läuft aus der Suerte – oder aber, da dieser leichenblaß unter dem Roß liegt, das nun wie ein mächtiger toter Vogel aussieht, und die Hörner sich auf den Weg machen, zeigt er dem Picador, wo Gott hockt.</small>

Der eine hat sich in den *peto* gebohrt, stemmt mit der ganzen Kraft seines Hintergestells, wird stärker und stärker und prüft die Geschicklichkeit des Picadors. Er wächst unter der Züchtigung der *pica*, die ihm im *morrillo* steckt, dem hohen, anschwellenden Werfmuskel hinter seinem Nacken. Er wird *alegre*, wie das Publikum erstaunt und bewundernd feststellt: *toro bravo*, prima! *va a más!*

Ein anderer läuft aus der Begegnung heraus, so schnell es nur geht, muß von neuem ans Pferd gebracht werden: *toro suelto*, alles, nur nicht prima! *Toro manso!*

Ein dritter stößt abwimmelnd, schüttelnd, loslösend; täuscht Engagement eher vor, als daß er es hat: Er wird zu prüfen, zu erforschen, zu präparieren sein; vielleicht kann man ihn verbessern.

Der Picador faßt nach, reißt eine zweite Wunde, stochert, lädiert das Rückenmark, findet die Stelle nicht, ist zuweit vorn, zuweit hinten. Ein Stümper, ein Triebverbrecher oder ein vom Matador gedungener Halunke, der den Stier kaputt macht. Sie *müssen* pfeifen, ehe er den Stier erledigt!

Der Picador läßt dem Tier keinen Ausgang, dreht sich mit ihm, macht die Schnecke, und enden will es auch nie? Schonen Sie ihn nicht, und auch nicht seinen Meister, der ihm pantomimisch Einhalt gebietet, pantomimisch, nicht real.

Drei *varas* sind vom Reglement vorgeschrieben. Ganz tapfere Stiere nehmen manchmal noch heute, wo das Lanzendrittel das heruntergekommenste von allen ist, mehr in Empfang. Freuen Sie sich nicht zu früh, wenn der Matador vom Präsidenten einen vorzeitigen *cambio de tercio* verlangt. Entweder taugt der Stier überhaupt nichts, hat gar keine Kraft – oder die erste Pica war so mörderisch, daß der sich nicht mehr erholen wird.

Zwischen den einzelnen Begegnungen des Stiers mit dem Kentaur müßten Sie, wenn die Matadore einander verstehn und die Stiere es zulassen, drei *quites* gesehen haben, früher einmal Paradestück jeder Corrida. Abwechselnd holen die Kämpen den Stier vom Pferd und führen ihn mit Schaufiguren der Capa, mit *chicuelinas, delantales, navarras,* mit *serpentinas, faroles, gaoneras,* mit *mariposas, largas cambiadas aragonesas* und wie die plastischen Figuren der Kür alle heißen, bei denen die Meister des Faches einstens ihr Flair, ihr Aroma, ihr *sentimiento,* ihre Auffassung von Kunst, ihren Stil, ihre ganze Persönlichkeit entfalteten.

Wenn Sie das heute, von Matadoren einer exklusivistischen Bürokratie, von Laufburschen einiger mächtiger GmbH-*empresas,* die keinen Drachen steigen lassen vor Ihrer Gunst, wenn Sie das in einer langen Saison drei Mal mit Ergriffenheit auskosten durften, danken Sie Gott: Es mag einen guten Winter geben.

Bei der *chicuelina,* einer heute allgegenwärtigen Routinefigur, fing der Matador das Tier wie zu einer *verónica* ab, ehe er sich vor den schnaubenden Nüstern des Stieres in das große Tuch schlug und im Gegensinn zur Angriffsrichtung eine Pirouette machte.

Die Picadores verlassen das Rund. Wenn sie gut waren, sparen Sie bitte nicht mit Applaus. Diese Prügelknaben der Nation können eine Aufmunterung gebrauchen, kommt es doch oft genug vor, daß sie schlecht sind, und die Pferde auch, und die Stiere und das Publikum und alles miteinander.

Die *suerte de varas* zeigte dem Züchter das Maß an *bravura* auf, das seine Stiere zum Zeitpunkt haben. Bei einer *corrida de concurso,* wo jeder Stier aus einer anderen Zucht geholt und der tapferste belohnt, wenn's hoch kommt, gar begnadigt, am Leben gelassen wird, kann der *ganadero* den Stand seiner Zucht mit dem anderer vergleichen.

Das strategische Ziel des Drittels aber bestand darin, dem Stier den Kopf herunter zu nehmen, indem man ihm durch die Verletzung im *morrillo,* durch die Verausgabung am Pferd die Nackenmuskeln schwächt. Kein Mensch könnte, solange der Stier den Kopf oben behält, diesem mit einem Degen wie vorgeschrieben zwischen den Schulterblättern in die Aorta fahren, so daß er, richtig getroffen, vom Blitz gefällt in den Sand liegt.

Clarines. Der *tercio* wechselt. Nach dem traumatischen Schock am Pferd braucht der Stier eine Erholungspause, um wieder zu sich zu kommen. Diese wird durch das farbige, aber nicht sehr elementare Zwischenspiel der

Dieser quer stehende Picador wird, da es noch eine Gerechtigkeit gibt, den Toro nie in Reichweite der Vara bekommen. In vier Jahren hat der gelernt, seine Hörner und seine Kraft zu benutzen – alles läßt er mit sich nicht anstellen.

Der junge Matador El Soro – eine Hoffnung aus Valencia – setzt ein imposantes Paar Banderillas. Im Flug wirft er die Arme hoch, entblößt sich vor dem Stier, hier ein Novillo, um beim Zusammenprall die Stäbe mit ausgestreckten Armen zu stecken.

Banderillas ausgefüllt. Kranzförmig um die handtellergroße Stelle, an der die *pica* in den *morrillo* ging, sollen drei Paar siebzig Zentimeter lange, geschmückte Holzstäbe mit Widerhaken ins Fell des Stiers gesteckt werden. Geschicklichkeit und Mut sind bei den Banderilleros gefragt. Dies ist, wenn es denn eine gibt, die athletischste *suerte* des Toreo. Der Banderillero muß, die Aufmerksamkeit des Tiers zu erregen, den Stier von weitem zitieren, anrufen. Dann, damit der die Charge aufnimmt, ins *terreno* des Stiers eindringen. Im letzten Moment ausweichen und bei der *jurisdicción*, beim Zusammentreffen die Oberhand haben, die Pfähle stecken und aus der *suerte* möglichst würdig herauskommen. Das heißt: Er sollte nicht davonrennen müssen, weil er den Moment, in dem der Stier voll dominiert war, um Bruchteile von Sekunden verpaßt hat. Die gängigsten Methoden, Pfähle zu stecken, sind *al cuarteo* und *de poder a poder*. Der *peón* zitiert von der Mitte der Arena aus. Der Stier wird in den *tablas* von einem *capote* in *suerte* gestellt. Im ersten Fall geht der Mann schrittweise auf den Stier zu, fällt mit diesem in Trab und umgeht ihn beim Aufprall in einem Viertelkreis. Im zweiten rennt er in einem gezogenen Halbkreis quer durch den *ruedo*. Beide, Torero und Stier werden sehr schnell, bis sie aufeinanderprallen. Am meisten Seelenruhe braucht die Methode, die *rehiletes al quiebro* zu stecken. Man läßt den Stier anrennen, fingiert einen Ausfallschritt, pendelt in dem Moment zurück, da der Stier reagiert, und steckt das Paar mit ausgestreckten Armen an den Hörnern vorbei. Ältere Formen, wie *al sesgo por fuera* oder *por dentro, a la media vuelta* und anderes ist eher von akademischem Interesse, man sieht es wenig mehr. Das wichtigste: Banderillas müssen schnell gesteckt und Fehlleistungen, falsche Ausgänge möglichst vermieden werden. Denn bei jeder falschen Bewegung lernt der Stier, was ihn für den Matador verdirbt.

Das interessanteste für Sie: Hier liegen die *terrenos* von Mann und Stier offen. Sie können, da sie ständig wechseln, wie auf einer Landkarte studiert werden. Der Stierkämpfer zeichnet mit dem Stier seine Geometrie in den Sand. Er darf, will er nicht einen fatalen Fehler machen,

nicht gezwungen sein, sich diese Konstellationen im Kopf immerzu auszurechnen. Er muß sie instinktiv beherrschen, wie das Tier. Der Stier irrt nie – kann es nicht –, der Fehler liegt immer beim Mann.
Clarines. Der *tercio* wechselt. *Faena.* Sie möchten endlich den Mann sehn, der mit einem Stück roter Serge ein Stück tanzende Skulptur macht? Hier ist er. Eben hat er den Präsidenten um die Erlaubnis gebeten, den Stier zu töten, hat beim Brindis den Tod dieses Stieres jemandem gewidmet, indem er ihm für die Dauer der *faena* seine *montera* zuwarf und Passendes dazu hersagte. Oder er widmete den Stier dem Publikum, indem er den Hut in den *medios* deponierte, abergläubisch achtend, daß er richtig hinfiel. Die *faena* ist heute der wichtigste, gewiß der eindrucksvollste Teil einer Corrida. Eine Reihe von *suertes* mit der Muleta sollen den Stier auf den Tod vorbereiten, im gleichen Moment aber soll plastische Schönheit im Zusammenwachsen von Mann und Stier, und musikalische, im Rhythmus, in der Komposition, in der Kadenz, im Zusammenhalt dieses Balletts mit Hörnern geschaffen werden. Da der Mann den Degen immer in der Rechten zu halten hat, vergrößert er die Tuchfläche, wenn er diesen an die Muleta spreizen muß, um mit der rechten Hand zu toreieren. Bei den *pases* mit der Linken, den *naturales,* Herzstück jeder *faena,* wird es kleiner. Der klassische *remate* nach einer Serie ist ein *pase de pecho,* ein *pase contrario,* denn er wird mit der Hand ausgeführt, die dem Stier näher liegt. Dabei führt man das Tuch über die Hörner bis zum Schwanz des Stiers, der in die Höhe entlassen wird. Das Fundamentale einer *faena* ist die Dominierung des Stieres. So daß dieser am Schluß, bei der *estocada,* dem Tuch unbedingt folgt. Erst auf dieser Grundlage kann Schönheit

Das Risiko voll eingehend, begräbt Angel Teruel den Stier unter sich, pflanzt die Stäbe hoch und gerade, meisterhaft.

Der Banderillero kommt nicht vorbei. Wenigstens bricht er ab, damit der Stier nicht auf falsche Ausgänge und Gedanken kommt.

Miguel Márquez in einem strengen Ayudado por bajo, den Degen ins Tuch gelegt. Der Schritt mit der Muleta nimmt den Kopf des Stieres herunter, formt diesen, wie man sagt.

(Im Uhrzeigersinn) Mit gezogener Montera holt der Espada beim Präsidenten die Erlaubnis zum Töten.

Bei der beklommenen Kehle wird das Glas Wasser vor dem letzten Akt rituell.

Antonio Bienvenida in einem statischen Schwenk mit der Rechten. Im Profil, parallel zum Stier, wird er diesen in die Runde nehmen.

Das selbe in anderer Interpretation. Paula setzt das Gegenbein vor, lädt so die Suerte auf: Dynamik. Plastisch sind beide Figuren, der Mann eins mit dem Stier.

Antoñete in einem Pase de pecho. Sanftes Streicheln, wird der Toro von Horn zu Schwanz unter dem Tuch durchgelassen.

Schlagadern am Horn, macht Miguel Márquez Skulptur, zieht das Tier wie eine Schürze um sich.

Antonio Ordóñez, der Stilist aus Ronda, in einem Natural von jener Gelassenheit, die mit dem Stier atmet.

kreiert werden. Hier denn, in der den Zwängen eingebundenen freien Entfaltung seiner Imagination kann der Matador mit dem Stier zu einem harmonischen Ganzen verschmelzen, das sich wie im Traum bewegt, so daß eine Emotion aufkommt, die zwanzigtausend Leute in ein und den selben Schnauf einbezieht. Alles *ein* Atem, und es ist der erste, schöpferische, der eben gefundene. Oder der Mann gibt eine sattsam bekannte, vorfabrizierte Routinedarstellung, in der alles überall auseinanderbricht. Oder, das schlimmste, ein ganz großer Stier, Stoff zu einem Meisterwerk, geht an ihm vorbei, deckt einen Torero auf, der, aus was für Gründen auch immer, versagt, fehl am Platz ist. Unverzeihlich. Der Mann wird die Folgen zu tragen haben. Aus Rhythmus und Dynamik des Ablaufs muß eine Schönheit erwachsen, die der Gefahr, unter der diese zustande kommt, ebenbürtig ist. Dann hebt die *faena* für Augenblicke Zeit auf. Der Mann hat die Vergänglichkeit besiegt.

Schluß- und Höhepunkt der *faena:* die *suerte de matar,* der Degenstoß. *Hora de la verdad,* denn wenn in dieser *suerte* der Stier dem Tuch nicht blindlings folgt, ist der Mann, der sich über dessen Hörnern exponiert, geliefert.

Mit der Muleta fixiert der Matador den Stier, nimmt ihm den Kopf herunter, so daß er das Kreuz freigibt, eine münzengroße Stelle zwischen den Schulterblättern, an welcher der Degen einzudringen hat. Damit sich die Schulterblätter nicht gegeneinander verschieben können und so den Degen abgleiten lassen, muß der Stier quadriert sein, *cerrado*, geschlossen, das heißt mit seinen vier Hufen aufrecht in einem Rechteck stehn. Auf Brusthöhe profiliert der Mann aus drei, vier Metern, wirft sich, kurz und gerade, über die Hörner des Stiers, die er mit der vor seinen Beinen kreuzenden Muleta zu Boden hält, um an der rechten Seite des Stiers herauszukommen, nachdem er den Degen plaziert hat. Das war die *suerte de volapié.* Der Mann rennt in den Stier.

Blinkt er den Stier mit der *muleta* heran und läßt ihn, ohne sich zu regen, in den Degen fahren, hat er den Stier *recibiendo* getötet, eine ungleich gefährlichere Manier des

Voll exponiert, Miguel Márquez in einer Estocada perfectísima.

35

(Im Uhrzeigersinn) Luis Miguel Dominguín hat den Stier geschlossen, blinkt mit der Muleta, profiliert kurz und gerade.

Die Angst im Nacken des Torero, gibt dieser »vordere Seitenhieb« einen häßlichen Lungenstich, einen Pinchazo, ein Anstechen des Stieres, oder aber der Degen wird abspringen.

Ordóñez, König mit den Tüchern, Bettler mit dem Estoque. Wo Exposition und Fairness zum Stier gefordert sind, geht er, risikomindernd, handbreit zur Seite, in »Ordóñez' Ecke«, und wie er mit den Beinen um die Hörner fährt – kein Meisterstück!

Arrastre: In Pamplona wird ein toter Stier hinausgeschleppt.

Correr la mano, die Linke fahren lassen, die Rechte hoch über dem Morrillo, das braucht Mut, die Hörner sind außer Sicht. So korrekt getötet, fällt der Stier sin Puntilla, ohne Gnadenstoß – der Matador Paco Alcalde hat seinen Lohn verdient.

Tötens, die eine bestimmte Verfassung des Stieres erfordert – eine noch bessere beim Mann, so daß man sie selten zu Gesicht bekommt.
Einmal muß der Matador mit dem Degen über die Hörner des Stiers gegangen sein. Dann darf er, so das Tier letal zusammenbricht, zum *verduguillo* greifen und dem Toro den Gnadenstoß geben, indem er ihm die Medulla oblongata durchtrennt. Eine Methode, die einfach aussieht, aber heikel ist, bei Nervosität und Zeitnot des Matadors sehr oft zum Debakel, ja zum Desaster wird, zu mulmigen Greuelszenen und verscherzten Ohren führt.
Das schellende Eselsgespann schleift den toten Stier hinaus. Noch ehe ein zweiter in den Sand fällt, wird dieser hier ausgeschlachtet sein. Und wenn er gut war, im Gedächtnis von ein paar *aficionados* weiterleben.
Sechs Stiere werden es sein, bis die Corrida um ist, abwechselnd von drei Matadoren mit ihren Mannschaften bekämpft.
So synthetisch wie auf diesem Papier wird es nie sein – dafür ungleich farbiger, lebhafter, hektischer, erregender, plastischer.

Wenn der Applaus ausreicht, wird der Matador, nachdem er sich Gesicht und Hände gewaschen hat, eine Ehrenrunde machen dürfen. Oder mit gezogener *montera* in die Runde grüßen. Sie haben Ihr weißes Taschentuch, schwenken es wie die Mehrheit der Zuschauer? Dann *muß* der Präsident ein Ohr des Stieres an den Kampf geben (gegen das, früher einmal, der Matador, der triumphierte, den Fleisch-Preis des Stieres als Belohnung einlöste). Das zweite Ohr für eine noch größere Leistung, als höchste Trophäe der Schwanz liegen allein im Ermessen des Präsidenten und seiner Berater. Mit zwei Ohren wird man nach der Corrida in Madrid auf den

Schultern durch die Puerta Grande, in Sevilla durch die Puerta del Principe auf die Straße, ja ins Hotel zurück getragen.
Wenn's schlimm war, fliegen im Pfeifkonzert die Sitzkissen auf die Akteure: die *bronca*. Was bei einem Publikum, das sich an großen Ereignissen von großen Figuren betrogen fühlt, zu Tumulten ausarten kann, die an Lynchjustiz gemahnen.

Und einen Stier wie den schwarzen Espantapájaros der Hros de D. Salvador Guardiola werden Sie nicht sehn. Er ging am 18. April 1980 in der Maestranza von Sevilla vorbei und unter. Schade. Der schönste Stier, der mir in zehn Jahren vor die Augen kam. Eine Kathedrale von einem *toro bravo*. Riß Roß und Reiter, war mit seinen 655 Kilos stark, nicht fett, und an der Muleta nobel wie nur eines der kommerziellen Stierchen. *Cuando hay toro, no hay torero* – wie wahr: Wenn der Stier taugt, ist kein Torero da! Dem armen Almendro, der vielleicht drei Stierkämpfe im Jahr hat, nahm es die Beine, und es hat keinen Sinn, mit dem Schicksal zu hadern, daß es nicht einen besseren Mann vor dieses herrliche Tier stellen konnte. So ist das. Die Stars schlagen sich mit ausgewähltem Vieh herum, das ihnen nichts antut, aber auch nicht für Wunder gut ist. Die *figuras* sind am liebsten ungestört, tram tram. Durch den tauromachischen Orkus müssen, mit Hörnern wie Fahrgestelle umstellt, die Modesten. Ein Alemendro, der in Tränen ausbrach, als er begriff, was geschehen war. Was er, der zu spät Vertrauen fand, sich nicht überwinden, sich nicht verwandeln konnte, was er sich da hatte durch die Lappen gehen lassen mit Espantapájaros, der außer Vögel und Almendro in Sevilla einen Haufen *taurinos* erschreckte. Espantapájaros werden Sie nicht sehn. Den gab's nur einmal. Schade. Er kam von El Toruño und hieß Espantapájaros.

Er weiß, wie er töten kann, und vergißt, daß er sterben muß.

Ihr Mädchen von Guadalajara, schlaft mir nicht zu lange!

– Wie kommt der Stier zu seinem Mann?
– Sie konnten es ja sehn: durch das Tor der Angst, via *toril*.
– Ich meine, wie kommt er da hinein, in die, wie sagten Sie...?
– ... in die *chiqueros*, die Verliese, die verdunkelten Einzelzellen?

Zum Beispiel so:
Gleißender Mittag. Nebengebäude der Plaza. In dem hohen, engen, mit Stierkampfaffichen ausgekleideten Saal widerhallt es wie in einem marokkanischen Basar. Das Gedränge ist entsprechend. Fuchtelnde Angestellte der *empresa* – Eunuchen in selbstgeschneiderter Dienstmütze – kosten ihre Sternstunde aus, weisen den Unbefugten drei Mal ab und lassen ihn durch die Hintertür der hohen Empfehlung, ebensolcher Trinkgelder wieder herein. Ein *mozo de espada* tauscht hinter breiten Rücken Eintrittskarten an Pesetenhaufen. Der Schwarzmarkt blüht verästelt. Banderilleros treten Picadores auf die Füße, wollen Stiere sehn. Apoderados klatschen – letzte Aufmunterung – gekauften Berichterstattern auf den Rücken. Der dickstverschmierte Lippenstift der Welt schimmert von den Lippen der Frau Zivilgouverneur wetteifernd mit dem Perlmutt an ihren Ohren. Der angehende Herr Staatsanwalt schielt in ihren leidlich offenen Ausschnitt. Die Erregung steigt und die Minuten schleichen. Bei den andalusischen Zeitbegriffen ist es noch keine Ewigkeit her, daß Mittag war. Da, endlich, knarrt es oben in der Wendeltreppe. Herunter kommen, mit Staatsvertragsunterschreibermienen, die Veterinäre, der Präsident, der Veranstalter, Polizisten: Die Stiere sind angenommen. Ein Sturm bricht los, Gerangel. Der angehende Herr Staatsanwalt schiebt sich, Körperkontakt, hinter die Frau Zivilgouverneur. Wer zuerst draußen auf den weißen Mauern oben ist, hat den besten Platz für den *sorteo*, das Auslosen der Stiere.

Sie stehen in den *corrales*, massige fremde Boten aus einer andern Welt. Ihre Augen blitzen. Der Kopf von dem wolle ihm nicht gefallen, meint Pepe, Miguels Vertrauensmann. Der hintere in dem Pferch da drüben bewegt sich überhaupt nicht. Der ist am meisten Toro von allen,

brummt der Banderillero von Galán. Das sehe man an den Augen. Und die Nummer 110 müsse man mit 108 zusammentun. Der da ist ein schöner kleiner Kunde, denkt El Vitis Peón laut vor sich hin. Und die zwei sind vom gleichen Typ. Den mit dem Horn wie eine Leier wechseln wir an den Cárdeno, den Mausgrauen. Wenn der sich gefälligst nur mal umdrehen wollte, daß man seine Nummer sähe. El Rubio, der Picador, beschwört Pepe, doch 113 auf 87 zu schmeißen. Eine Viertelstunde vergleichen die *peones de confianza* ihre Zettel, streichen, ergänzen, drehen, wenden, drohen, streiten, besänftigen – bis sie sich auf die drei Stierpaare geeinigt haben. Schreiben dann die Nummern auf Zigarettenpapierchen, zerknüllen diese, werfen sie in die Schildmütze des Mayorals, den sie eifrig zu Rate gezogen haben – er kennt seine Pappenheimer –, und ziehen ihr Los.

Beim *apartado,* dem Absondern der Stiere in die *chiqueros,* erstellt man eine Liste. Vor dem Kampf wird sie am Portal der Plaza aushängen: Nummer, Jahrgang, Name, Zucht, Fellfarbe, Gewicht der Stiere – und dazu der Matador.

Der schläft im Hotel – oder versucht es zumindest. Die *cuadrilla* geht essen. Den großen mit den Kerzenständern werfen wir voraus, so haben wir einen in der Hinterhand, rufen die Toreros dem Mozo nach, der mit tausend Dingen beschäftigt ist. Um vier wird er im Zimmer des Maestro die Vorhänge aufziehn und ihm mit überzeugender Gestik vormachen, wie klein, schön und sozusagen hornlos seine beiden Stierchen sind, die ihn heute nachmittag erwarten.

Mit einem ausgeklügelten System von Gängen, Kammern und zufallenden Türen, die über Seile bedient werden, leitet man die ausgelosten Stiere aus den Corrales, den Pferchen, in die Chiqueros, dunkle Einzelzellen, in denen sie ein paar Stunden warten. Die Abdunkelung dient der Beruhigung der Tiere, welche durch die manchmal komplizierte Prozedur doch recht zerstreut wurden – alles andere ist Unterschiebung.

Das verkrümelte Zigarettenpapier mit der Nummer des Stieres wird aus dem Hut gezogen...

... und der anfallende Stier noch einmal begutachtet.

Ach, könnte er die Stunde zurechtrücken, vor oder zurück. Aber er sitzt gefangen, der Matador, in seinem Hotelzimmer, in dem Kerker. Bett, Bad, Stuhl – Stuhl, Bad, Bett. Alles im Kreis. Das Denken. Telefon: Man soll nichts mehr durchkommen lassen. Konzentration. Der letzte Ausbruchversuch, im Geist. Es ist eingebrockt, es muß ausgelöffelt, man muß ruhig werden. Verantwortung, drückende, Ungewißheit. Gewiß ist das eine: Von hier kommt der Mann nur über die Plaza wieder heraus, über zwei getötete Stiere. Und er muß gut sein.

Er weiß nicht, wohin er gekommen ist. Und nicht warum. Abgeschnitten. Allein. Wo sind die Brüder? Dunkel und eng der *chiquero*. Ein Verlies. Ein Kerker. Eingemauert ist er, seit die Tür zufiel. Alles im Kreis, aber es gibt keinen Kreis mehr. Kraft spürt er, doch wohin damit. Das letzte, woran er sich erinnert: wie die Ochsen schellten, die ihn quer durch die *corrales* lockten. Er hintendrein. Es klang aufregend. Dann die Falltür, plaff! Die Falle. Wenn er irgendwie heraus soll, muß es da vorne durchgehn. Wo sich ein Licht ahnen läßt. Weiter weiß er nicht.

Matador Stier

Jetzt fehlen mir wieder die Zigaretten.
    Zum dritten Mal schlag ich das Horn an. Und ein Durst!
Ha, dieser Antonio! Nie da, wenn man ihn braucht.
    Wo war das, dieser Weiher unter dem Olivenbaum, wo
    das nur war.

Mit den Guardiolas war ich noch immer gut.
        Es riecht nach Pferd. Es müssen Pferde in der Nähe sein.
Was ist der Lärm da draußen?

Bei was für einem Rock er wohl wieder liegt? Antonio!
        So eng ist es hier. Wo fängt es an, wo hört es auf?
Sind gute Tierchen, die Guardiolas. Die intelligentesten
von der Welt.
        So dunkel war es noch nie. Ob kein Mond ist?
Wie geht es denn, das Liedchen? *Yo tengo una vaca
lechera . . .*
        Kannst weder vor noch zurück hier.
Sind überhaupt viel intelligenter als wir, die Stierchen.
        Schon wieder das Horn!
Antonio muß noch zwei Eintritte besorgen für den Kerl
von Radio Juventud.
        Wenn man sich doch hinlegen könnte.

Ach diese Kritikerscheißer, unabhängig!
        Ich werde immer schwerer!
. . . *yo tengo una vaca, una vaca lechera . . .*
        Das hintere Bein ist eingeschlafen.
Unabhängig, und wollen immer Scheinchen sehn,
Scheinchen sehn . . . *una vaca lechera!*
        Wenn ich herauskomme, saufe ich einen Teich leer,
        schön langsam.

Wie wär's mit dem weißen Lichtgewand heute, zu den
Guardiolas? Weiß mit Gold!
        Hier riecht es nach Stier.
Antonio! Daß der nie da ist, Apollo von Cádiz!
        Blind kann man werden – wo nur der Mond ist?
Me cago en tu madre, Antonio!
        Nach Stier riecht es hier. Ich mag das nicht mehr. Soll es
        nach Stier riechen, aber nicht hier!
Ein Matador muß fluchen oder beten können. Ob's hilft?
        Wenn ich heraus komme, gehe ich allein weg, zum Teich
        mit dem Olivenbaum.
Was meinst du, heilige Maria, wenn man sie solange stu-
dieren ließe wie unsereins?
        Wo nur der Mond ist?

Die Stierchen, die machten dich ganz schön fertig, heilige Maria.
        Warum es mir immer die Zähne zusammenschlägt, wenn es nach Pferd riecht?
Kommt gar nicht in Frage. Nach Zaragoza gehe ich nie im Leben mehr, nie im Leben!
        Ich will hier heraus!
Antonio, laß das Bad ein!
        Aber wohin, wenn kein Mond ist?
Es ist kalt hier.
        Die Zunge tut so weh.
Ob ich doch das rote nehme, *grana y oro*? Ist auch egal.
        Ich werde immer schwerer.
Bald schneit es.
        Ich habe gepißt. Das einzig gute hier.

Mit einer *larga cambiada* fange ich an.
        Ich werde den Mond anpissen, wenn er kommt.
Den will ich schon begrüßen. Auf den Knien will ich ihn begrüßen. Und wenn er in den Himmel fährt.
        Ich schlage alles klein.
Heilige Maria, Scheißpferde haben die hier. Können nicht vor noch zurück vor lauter Angst.
        Hätte ich doch diese verdammten Hörner nicht!
Pepe soll ihm viel Pferd geben, viel Pferd.
        Wenn ich herauskomme, gehe ich allein. Wo es weit ist und weiße Vögel hat, die dir aufs Fell sitzen und das Jucken wegnehmen.
Vielleicht muß man das Kind aus dem *colegio* nehmen, wenn es so Heimweh hat.
        Wo es weit ist und Teiche sind mit einem Baum, der zwei Bäume ist.
Wo bist du denn, Antonio? Stell mir Conchita durch!
        Ich sehe doppelt. Bald sehe ich nichts mehr.
Wenn ich hier lebend herauskomme, höre ich auf.
        Nur anlehnen. Es wird kühl.
Ich geh ins Kloster, das schwör ich. Nur keine Stiere mehr.
        Wenn der Mond kommt, nehme ich das Horn herunter und lade den Mond auf und gehe mit ihm allein weg.
Antonio!

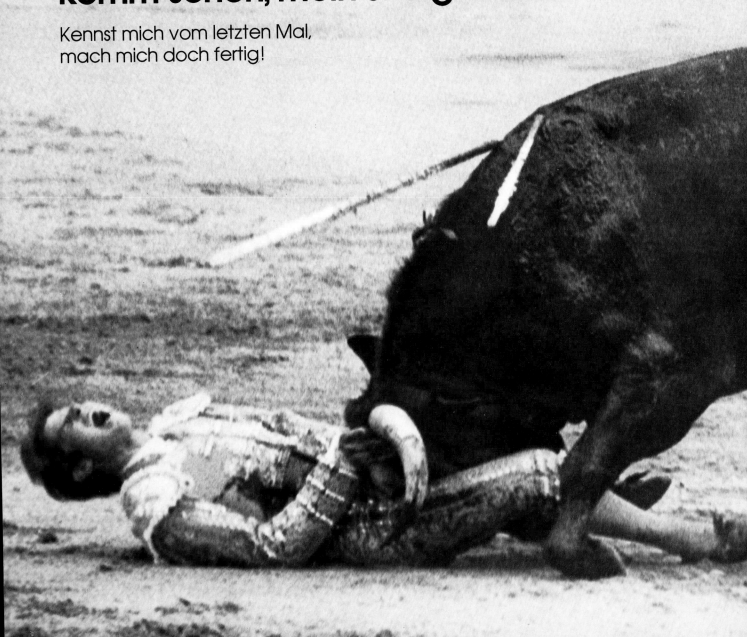

Die Schmach der Schmach für den Matador: wenn der Stier lebend aus dem *ruedo* hinausgeht und in den *corrales* abgetan werden muß! Bekommt ein Matador von der Präsidentschaft drei *avisos*, Signale, die ihn an das Ablaufen der Kampfzeit erinnern – im Maximum eine Viertelstunde von Beginn der *faena* an gerechnet – müssen Ochsen den Stier wieder aus der Arena führen. Bringt ein Matador einen Stier in dieser Zeit nicht zutode, ist es um ihn geschehen. Wenn, trotz Widerwärtigkeiten, das Ende rational abzusehen ist, zeigen Präsidenten sich im Austeilen von *avisos* tolerant.

Es gibt Ausnahmen, wie Curro, wenn er einen unüberwindlichen Panikanfall hat, alles in Kauf nimmt; ansonsten aber sähe gewiß jeder Matador sich lieber auf dem Operationstisch der *enfermería,* dem Notspital der Plaza, als seinen Stier weggeführt. Akribisch bis zur bürokratischen Skurrilität wird der *enfermería* von Artikel 27 bis 31 des *reglamento taurino* die letzte Darmnadel oder Gazebinde, ihre Anzahl verordnet in: erster, zweiter, dritter Klasse – ganz so, als hielten sich Stiere, Hornstöße, Verletzungen an Reglemente. Wir sind hier in einer Plaza dritter Kategorie: zwei Gazebinden, halt dich dran, Stierchen!

Keiner erhält in den großen Plazas so regelmäßig Stiere gewidmet wie der in der Behandlung von Hornwunden erfahrene Chirurg. Von zusammengeflickten und von voraussehenden Matadoren! Der in der Arena getötete Mann: Das ist ein massives Zusammenwirken von Fatalitäten, wie es heute – bei antibiotischer Wundheilung und den enormen Fortschritten einer in *cornadas* spezialisierten Chirurgie – auf Tausende von Corridas kaum mehr vorkommt. Es sterben mehr Matadore auf der Straße als im *ruedo;* die Wunden aber, die Toreros davontragen, sind schrecklich.

Um auf die Zahl von Todesopfern zu kommen, die zum Beispiel der Alpinismus allein im Sommer 81 etwa im Schweizer Kanton Wallis forderte – ihrer 67, müßte man, wollte man die in der Arena umgekommenen Matadoren dagegen aufrechnen, den Beginn des modernen Stierkampfs vordatieren. Dessen erstes registriertes Opfer im Matadorenrang war 1771 José Candido in Puerto de Santa María, das letzte 1974 José Falcón in Barcelona. Einundfünfzig in zweihundert Jahren. Die tödlich verunglückten Banderilleros und Picadores fangen die Chronisten erst fünfzig Jahre später zu zählen an und kommen bis 1970 auf 125, respektive 61; dazu 3 Rejoneadores, die den Stier zu Pferd bekämpften. Den größten Blutzoll bezahlten in den letzten hundert Jahren die Novilleros; ihre Liste geht gegen 150. Doch niemand konnte die Hekatombe der *Capeas* erfassen, Dorfkämpfe, in denen die Stiere geliehen und erfahren sind, der medizinische Beistand Null. Wo der Tod laut redet und die Statistik schweigt.

Sicher ist: Kein Torero kämpft an der Kirchweih von Jabalquinto oder Peñarobada, wenn er sich eine Absage leisten kann. Da gehn die *legionarios* hin, die jedem Ruf folgen müssen, und der Pfarrer mit dem heiligen Öl!

Luis Miguel Dominguín löste das Problem auf souveräne Weise: In seinem Troß fuhr ein vollbestückter Ambulanzwagen mit.

Manolete, sagen sie, wäre nicht gestorben, hätte er an jenem 28. August 1947 statt in Linares mit seiner zweitklassigen *enfermería* in Madrid gekämpft.

Und weil er den Ärzten von Manzanares nicht traute, holte sich Sánchez-Mejías auf der Fahrt ins Sanatorium der Hauptstadt den Gasbrand.

Doch die vier Skalpelle von Madrid vermochten nichts gegen den Miura Perdigón, der Espartero erwischt hatte.

Und die vier Scheren des Reglements reichten nicht aus, als Pepete in Navarra unter den Stier Cantinero kam.

Antonio Montes flog, da er ihn töten wollte, auf die Hörner von Matajacas; das waren chirurgische Pinzetten – aber tödliche.

Keine Kocherklemme half Serranito, als seine Muleta vor Sordito streikte.

Und Corchaíto hatte nie etwas von einer Intubationszange Magill gehört; als er in Cartagena zum zweiten Mal in Distinguido von Félix Gómez fahren wollte, hörte er nichts mehr.

Und keine Wundspreizer brauchte José Gómez Ortega,

der Jüngste der Gallos, dem kein Stier etwas zu leide tun konnte, wie man meinte; keine Klemmen nach Peán brauchte er mehr, da er nicht bis ins Operationszimmer kam, als er in Talavera de la Reina den Stier Bailaor der Witwe Ortega, der schlecht sah, für einen Moment aus den Augen ließ.

Kein Hohlmeißel für Graneros Kopf, da Pocapena ihm in Madrid den Schädel zerstückelte. Und als der Toro Extremeño dem Manuel Baez, Litri, in Málaga ein Bein abnahm, war das der Anfang von einem schrecklichen Ende. Kein Tubus für die Wunden, die Fandanguero in den wunderbaren, verzauberten Gitanillo de Triana schlug; der siechte zu Tode, wie nach Maera keiner.

Und José Matas Frau, die Französin, die, emanzipiert, die Zurückhaltung der betenden spanischen Matadorsfrauen verwarf und in Villanueva de los Infantes beim *sorteo* den Toro Cascabel von Frías ihrem Mann eigenhändig aus dem Hut gezogen hatte? Cascabel war sein letzter.

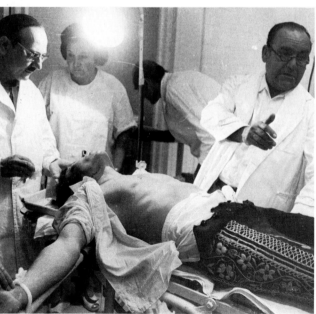

Eine Voltereta (oben links). Der Stier hat den Mann auf die Hörner geladen und schüttelt ihn ab. Der Torero fliegt hoch durch die Luft. Da der Toro ihn von sich wirft, sieht es meist gefährlicher aus, als es ist.

Die Einrichtungen der Enfermerias (links), Notfallzimmer der Arenen, differieren, von ausgerüsteten Operationssälen zur einfachen Bahre, je nach Ort und Kategorie der Plaza gewaltig.

Manoletes kapitaler Fehler am 28. August 1947 oder die Tragödie von Linares: Kein Zweifel, das Publikum war mitschuldig an dem Unglück. Es war, in jenen Tagen, hart, grausam, ungerecht zu dem Idol, das es noch heute vergötterte, es verlangte das Unmögliche. So achtete in seiner Gekränktheit, seinem Stolz der Cordobaner nicht der Warnungen, die der Stier deutlich ausgesprochen hatte. Wie auf dem Bild oben, wo er, Terrain schneidend, sichtlich nach rechts, nach der Ruedomitte zieht. Dennoch nimmt, unverständlich, Manolete ihn in der Suerte contraria zum Töten an, läßt ihn also Richtung Barrera stoßen. Bei der Tendenz des Stieres nach der Mitte, muß der ihn mit dem rechten Horn erwischen, was er denn, sterbend schon, auch tat.

Islero, ein Miura, der Spanien in Trauer stürzte.

In der Morgenfrühe des 29. war Manolete im Leichenhemd.

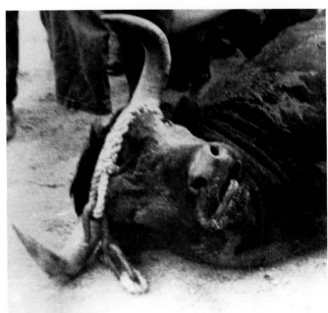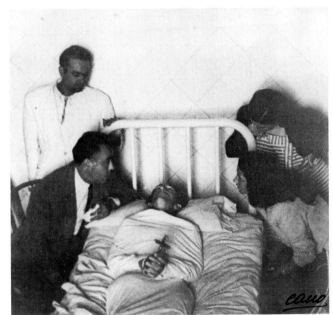

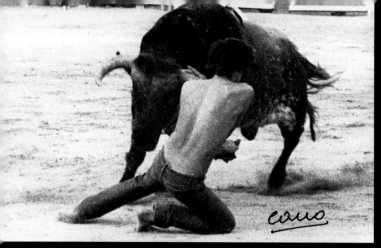

Albacete, 15. September 1981 oder die absurde Tragödie des Espontaneo: Espontaneos, in Umkehrung ihrer finanziellen Verhältnisse Capitalistas nennt man jene Stierkampfjungen, die, um Aufsehen zu erregen, eine Gelegenheit zu erhalten, über die Barrera in den Ruedo springen, dem Stier zwei Schwenks zu geben, ehe sie abgeführt werden.
In diesem eigentlichen Sinne war Fernando Villaroel Sánchez keiner. Er war nur besonders erregt, wollte auf seine Art die Geburt einer Tochter feiern, riß sich das Leibchen ab, sprang, als der Stier hereinkam. Mit zwei Stößen Brust und Hals aufgerißen, blutete er innert Minuten aus. Auch die kommerziellen, gewiß rasierten Stiere des Cordobés töten. Niemand machte den Quite, keiner holte den Stier weg? Schwer zu sagen. Fatalitäten nehmen ungefragt ihren Lauf.

Erhabener Stier, du Allmächtiger, Schöpfer der Welt und der Erde.

O du Gebieter über das Land,
Herr über Leben und Wort,
o Enlil, Vater aller Sumerer,
Hirte des Volkes mit dem schwarzen Haar,
der du dein eigenes Bild siehst, erhaben,
Stier, so erhaben, erhabener Stier.
(aus einer sumerischen Handschrift)

Corrida de toros, kein Zweifel, das hat sich aus mittelalterlichen Turnierspielen entwickelt, bei denen Ritter zu Pferd den wilden *bos taurus ibericus* bekämpften, der seinerseits vom *bos taurus africanus* stammt, aus Nordafrika kam, wo dessen Vorfahre noch Ur war.
Es gibt keine direkte Linie zwischen Stierspringern auf kretischen Vasen und dem *salto de la garrocha* auf Radierungen Goyas, bei dem der Torero an einem Stab über den Stier springt. Die Stiere im minoischen Kult waren zahme Opfertiere, mit denen Tempeljünger Akrobatisches und Artistisches vorführten. Der spanische *toro de lidia*, der Kampfstier, war nie in seiner Geschichte gezähmt worden, immer ein wildes Tier, und er kommt erst heute in Gefahr, durch zu ausgeklügelte einseitige Selektion im übertragenen Sinne zahm zu werden. Doch hat das Pendel zum Glück zurückgeschlagen: man versucht gegenzusteuern. So daß eine Reihe Toreros, die mit süßen Stierchen à la Cordobés, à la Ordóñez, Dominguín etc. begonnen hatten, sich heute wieder vor Bullen stellen müssen, deren Wildheit sie nicht gewachsen sind.
Um von dieser kurzen Abschweifung zurückzukehren: Es geht, trotz Vorhandensein von Arenen in beiden Fällen, auch keine Linie von römischen Gladiatorenkämpfen zu iberischen Stierkämpfen. Selbst dann nicht, wenn der ältere Plinius berichtet, wie Caesar, der in Cádiz und Sevilla zu Pferd Stiere bekämpfte, den Stierkampf nach Rom brachte. Umgekehrt wurde unter den Borgias noch

Der Stier von Abidos, Aegypten, 1300 v. Chr. Wenn er dreißig Jahre regiert hatte, mußte der Pharao (hinten) zur Probe der ihm noch verbliebenen Fähigkeiten gegen einen Stier antreten. Je nach Beliebtheit des Herrschers wurde dabei zweifelsohne, so oder anders, noch mehr gemogelt als in einer schlechten Corrida.

im Jahr 1500, großem Jubeljahr der Kirche, auf dem Petersplatz zu Rom prunkvolle Corrida gefeiert. Ein direkter Weg geht hingegen von Gilgamesch, der den Wunderstier des Anu erschlug, zu Theseus, der mit Ariadnes Hilfe den im Labyrinth wütenden Minotaurus überwand und, von Medea geprüft, den Stier von Marathon besiegte, um ihn Apollo zu opfern. Wie sich die Corrida vom elementaren dionysischen Kampf, bei dem ein gehörnter Berg aus Wut auf einen Kentaur fällt, den Picador und sein Pferd, zu dem harmonischen Ausschwingen einer *faena* glättet, mit der im apollinischen Faltenwurf von Mann und Tier eine erleuchtete Geometrie in den Sand gezeichnet wird!

Das erregte Verhältnis, das der Mensch seit seiner frühen Zeit zu dem großen Stier, dem Beau der Tierwelt und einsamen Champion in Sachen Fertilität, entwickelte, springt aus jeder Capa, die aufgeht, ein Stück Mythos einfängt und ein Stück Mysterium freigibt.

Die Psychoanalyse der Corrida geht nie auf, bleibt kontradiktorisch. Der Torero behandelt den Stier zwar wie eine Frau – aber er wirbt als ein Pfau, eine Ballerina, in Seide tanzend um ihn/sie. Wenn hinwiederum im *momento propicio,* im Augenblick, wo es sein *muß,* der Stier den Mann um den Tod nachgerade bittet, anfleht, wie die *jerga taurina* weiß, kommt es – ganz altmodisch machistisch – in der Penetration mit dem Degen zur erlösenden Klimax – man darf die stierkämpfenden Jünglinge aus den Kultspielen von Ephesus hinzufühlen, die sich selbst »Stiere« nannten.

Eine Capa bauscht sich – und in ihr geht der Rock hoch, den die ägyptischen Frauen hoben, da sie dem neuen Apis ihr Geschlecht zeigten und diese strahlenden Baubos das einzige waren, was der heilige Stier in den vierzig Tagen seiner Initiation zur Gottheit zu Gesicht bekam.

Rafael Alberti, Poet aus dem Puerto, der immer, auch im Exil Torero war, seine Stiere aus Äther und Nichts, die dem Lande sein Meer zutreiben – wenn sie Toreros aus Schaum, Sand und Salz einen Tod aus Luft geben, an welchem Nil mögen sie da auf ihren Reisen mit Hathor zusammentreffen, der Kuh, die Sonnenaufgang und Untergang in den Hörnern trug? Oder mit dem weißen Stier Poseidons, der Pasiphae selbst, die Königsgemahlin, zur Hingabe erregte? Oder mit dem Zeusstier, dem prächtigsten, der reden konnte und die herrliche Europa auf seinem Rücken durch das unendliche Meer, durch das Nachtdunkel entführte?

In einer kultischen Zeremonie wird der Matador vor der Corrida angekleidet. In dieser Stunde verwandelt er sich, überwindet seinen Zivilstand, wird ein anderer. An die Mündung des Tartessos, jetzt Guadalquivir, hat Herkules die Herde purpurroter Helios-Stiere getrieben, die er dem getöteten Riesen Geryon abnahm. Da muß er hin, der Mann, der sich eben verwandelt: nach Sevilla.

Meist sind sie, von einem Kampf zum andern, die Nacht durchgereist. Auch sonst, alle Matadores versuchen vor der Corrida bis in den Nachmittag zu schlafen. Die Anspannung wird zu groß. Bei der Zeremonie des Ankleidens, stets unterbrochen von unerwünschten Glückwünschern, werden sie ruhig, abgeklärt.

Für Weisheit Salomo, Paquiro als Torero.

Spanien regieren
soll Espartero.

Lassen wir Jäger, Höhlenmaler, Stierspringer, Urahnen und Urstiere. Und ein halbes Jahrtausend Chroniken, Episteln, Zettel, Traktate, die jene uriberische Auseinandersetzung mit dem Stier im bald höfischen, bald plebejischen, dann aristokratischen, endlich artistischen Spiel auf Leben und Tod bis ins neunte Jahrhundert zurück bezeugen.

In den Pyrenäen, im Norden, um die Mündung des Guadalquivir, im Süden, auf den Sierras im Zentrum und im Land um Salamanca gab es Stiere, ehe es Spanier gab. In Andalusien wurden sie zu Pferd gejagt, gehütet und bekämpft; in den Bergen, wo das schwieriger war, entwickelte sich das Stiertäuschen und Stierlaufen, das in

den Encierros von Pamplona heute einen weltweit versilberten, dennoch authentischen Anachronismus hat. Der Stierkampf zu Fuß, Andalusiens Domäne par excellence, also im Norden erfunden? Jedenfalls wurden sogenannte *matatoros* aus den Pyrenäen bereits im 14. Jahrhundert von Königen und Ayuntamientos für ihr Auftreten,

Vom sechzehnten ins achtzehnte Jahrhundert blühten die Anleitungen für Caballeros und Varilargueros, Lanzenträger. Sie referierten, verwegen, das Toreo a caballo, den Stierkampf zu Pferd, allem voran aber dessen gesellschaftlichen Komment.

z. B. in Madrid, bezahlt. Durch Epochen, in denen Ritter und Edelleute Stiere ansonsten aus hochmütigen, antimerkantilen Erwägungen mit Pferd und Lanze, ohne Pferd mit Lanze, zu Pferd und mit dolchbestückten Piken bekämpften: *lanzada* und *rejoneo*. Entgegen Volkspoesie, Romanzen, Romanphantasie und der Tatsache,

daß viele Arenen in maurischem Stil entstanden: Die Moros, die in allen Sparten Spuren hinterließen, mit Stierkampf hatten sie nichts im Sinn. Das ging ihnen wider die Religion. Wie den Christenspaniern auch, wenn gerade ein Papst, so Pius V., sie wieder einmal bullte und exkommunizierte. Aber Spanien, das war streckenweise die Kirche von Rom, und so fand sich stets ein einsichtiger Nachfolger oder Aufheber, Papst, Monarch, der das rückgängig machen konnte – bis zur nächsten Polemik. Über die Zeit entwickelte sich denn in diesen geistlichen Dingen um Brot und Spiele eine Kasuistik, so versponnen, daß sie einem Spanien als Stammland der Jesuiten mehr als verdeutlichte.

Die absoluten Herrscher, einmal dafür, einmal dagegen; ihre hohen Frauen und Fräuleins bekamen in jedem Fall Stierspiele vorgeführt. Und der implizite Ehrbegriff der Toreros, die *vergüenza torera* stammt auf bastardisiertem Weg schnurgerade von der ritterlichen Tugend ab, die ihr Leben verschenkt, sei es für eine Floskel. Ein spanischer Ritter ohne Stier, das wäre einer bei uns ohne Drachen, ohne Turnier. Da ihm sein Sohn geboren wurde, tötete der mächtige Karl V. in Valladolid bei einer Lanzada einen Stier zu dessen Ehre; dem nachmaligen Philipp II. bekam das überhaupt nicht.

Viel später, 1830, eröffnete ausgerechnet Ferdinand VII., der die Corrida haßte, in Sevilla eine Matadorenschule, nachdem er die Universitäten geschlossen hatte. Da sich historischer Irrsinn wiederholt und die Geschichten gleichen: Hundert Jahre nach ihm versuchte ein anderer ausgesuchter Reaktionär, der keine Stiere mochte, das Toreo an die Ideologenbrust zu nehmen: Francisco Franco y Bahamonde. Er hatte damit soviel Erfolg wie Fernando mit seiner *Escuela taurina*.

Wiewohl die Corrida inzwischen schon Sache des Volkes war, das XVII. Jahrhundert zeigte sich als hohe Zeit des *toreo a caballo*. Ihre Tugend befahl den Rittern, mit Montur die Peones bei den großen festlichen Darbietungen – man denke an Madrids herrliche Plaza Mayor, die eigens dafür errichtet scheint – zu schützen. Deren Bauernschläue hinwiederum lehrte diese, nachdem sie lange genug immer nur beigesprungen waren und die

Der sich 1726 mit solchen Regeln anonym für die Reinheit der Suertes einsetzte, hieß Don Diego Torre Villaroel, ein Adliger.

Dreckarbeit gemacht hatten, die Sache selbst in die Hand zu nehmen.

Im XVIII. war es so weit: Die Aristokraten stiegen vom Pferd und die Plebejer aufs Roß. Die Bourbonen hatten sich um andere Erbdinge zu kümmern als um tauromachische, die es noch nicht gab, und es beherrschten denn *varilargueros* (Träger langer Lanzen), Picadores – ausgerechnet die Vorgänger jener Kerle, die heute zu oft schmählich versagen – das Feld und den Publikumsgeschmack, mindestens so lange, wie sie auf den *carteles,* den Ankündigungen, vor den Matadoren rangierten und höher bezahlt wurden als diese.

Matadore?

Um 1726 nahm Francisco Romero, der Zimmerer aus Ronda, als erster eine Muleta zur Hand und tötete den Stier, da er von dem *quite*-machen für die Herren der Real Maestranza von Ronda genug hatte.

Als Ahnherr der Muleta ist er nicht ganz unbestritten, wohl aber als jener einer großen, langlebigen Matadorendynastie, die durch seinen Sohn Juan Relief bekam – ein flinker Banderillero, und er stellte erstmals so etwas wie eine Cuadrilla zusammen – unsterblich aber wurde in seinem Enkel Pedro Romero, den man als Gründervater der modernen Corrida schlechthin ansieht. Der starb mit 85, war mit siebenundsiebzig vor der Afición von Madrid noch einmal zurückgekommen und hatte zwei Stiere getötet, zu den 5600, die er in den 28 Jahren seiner Karriere quer durch die Feste Spaniens *recibiendo* zu den Vätern geschickt hatte, ohne daß einer ihm je mehr als ein Haar gekrümmt hätte. Pedro Romero hatte den stoischen Stierkampf erfunden und nicht umsonst die gesunde Maxime hinterlassen, ein Torero solle nicht an seine Füße, sondern an seine Hände denken.

Pepe Hillo und Costillares, seine beiden Kontrahenten aus Sevilla, hatten einen schweren Stand gegen ihn. Dem sauberen Ronda-Stil Romeros setzte Hillo sevillanische Phantasie entgegen – und Ambition: 1796 gab der analphabetische Josef Delgado vulgo Hillo die erste Tauromachie heraus, Bestandesaufnahme und Lehrbuch der Corrida *o arte de torear;* er hatte sie einem ghost wrighter in die Feder fließen lassen. Hillos Mut stand jederzeit über seinem Stil.

Der Stier »Barbudo« aus der kastilischen Rasse machte 1801 seinem Leben in Madrid ein Ende, Szene, die Goya

EL DIESTRO SEVILLANO,
JOSEF DELGADO, (ALIAS) YLLO

Pepe Hillo aus Sevilla, einer der Schöpfer des modernen Stierkampfs. Wagemutig, kühn, ein bißchen vorlaut, stellte er sein Licht nie unter den Scheffel. Kam 1801 in der Plaza von Madrid um.

suerte de volapié erfand, brauchte Costillares, da er hiezu den Toro schließen mußte, vielleicht zum ersten Mal die Muleta nicht als Defensivinstrument, sondern brachte, den Stier führend, andeutungsweise Dominierung des Tieres als Ziel ein.

Hatten die Romeros, allen voran Pedro, das Schauspiel aufgebaut mit jener klaren Strategie, die auf den Tod des Stieres ausgerichtet war und alle anderen *suertes* unterordnete, bekamen diese nun im Sevillanischen bereits etwas wie Eigenwert; *matar los toros* stand gegen *correr los toros,* zwei Schulen kristallisierten sich heraus, die von Ronda – klar, ernst spartanisch, tief und potent – gegen jene von Sevilla: anmutig (*gracia* ihr Codewort), verspielt, intuitiv, phantasiereich, freudig, ornamental. Schon in Pepe Hillos Tauromachie tauchte die Notion von *cargar la suerte* auf. Die *suerte* aufladen, damit sie mehr Intensität bekommt; wozu man das gegenstehende Bein vorstellen und den Stier von seiner geraden Bahn wegleiten, über sich hinausführen muß. Zwei Schulen ist zuviel gesagt, aber Tendenzen; sie verbrüderten sich immer wieder, wie die Toreros sich verschwägerten. Jerónimo Cándido, Sohn des verunglückten José, den man als Torero *largo* bezeichnete, also einen mit Repertoire, in allen *suertes* zuhause, wurde Pedro Romeros Schwager und der erste richtige Eklektiker in dem, was, wenn es auch immer noch Kampf, nicht Kunst war, nun doch schon recht viel Methode hatte.

Nach einer Phase der Dekadenz, in der Spanien in die Unabhängigkeitskriege seiner Kolonien verwickelt war und politische Auseinandersetzungen in aller Heftigkeit bis in die Arenen hineingetragen wurden – die Absolutisten traten als Schwarze, die Liberalen als Weiße auf – erstand 1830 in Francisco Montes, Paquiro, der Corrida nach Romero der zweite Koloß, der sie in zwanzigjähriger Suprematie beherrschen sollte. Er kam aus Chiclana, der weißen Stadt an den Lagunen um Cádiz, Andalucía la baja, von wo die guten Toreros kommen. Hier starb er auch, von einer nicht heilenden, schweren Wunde geschwächt, die er sich in Madrid geholt hatte, 1851 an Sumpffieber. Dazwischen hatte er, 1836, eine *Tauromaquia completa* verfaßt, so vorbildlich, daß sie die Reg-

zu einer großen Radierung seiner Tauromaquia inspirierte. Dreißig Jahre zuvor war in Puerto de Santa Maria José Cándido als erster Matador, der geschichtskundig wurde, im Sand der Arena geblieben; im Jahr darauf sollte es in Granada Perucho sein, 1820 aus dieser Generation in Ronda der populäre Curro Guillén. Als er zum Töten die

lemente bis heute inspiriert, hatte die *varilargueros* aus dem Spiel genommen, die Picadores definitiv ein- und ins erste Drittel versetzt. Hatte den Ablauf der Corrida und das Verhalten der Cuadrilla systematisiert, den *traje de luces,* das Lichtgewand nicht erfunden, aber in jene Form gebracht, die bis auf uns kam; hatte auf den ersten ausländischen Propagandisten des Stierkampfs, auf Théophile Gautier den gleichen Eindruck gemacht wie auf seine Landsleute, so daß der ihn in seinem *Voyage en Espagne* einen Cäsar der Corrida nannte; was Paquiro war. Daß die Königin Isabella ihn nicht zum Grafen von Chiclana ernannte, lag am Sumpffieber – de facto war er es längst.

Unter Paquiros Auspizien erwuchs die *competencia,* der Wettstreit zwischen Francisco Arjona, Cúchares, und José Redondo, El Chiclanero. Nach dem ersten heißt in der Volkspoesie die Fiesta noch heute *el arte de Cúchares,* sevillanisch bis ins Letzte; Chiclanero, ein guter Töter, übertraf ihn in der Gunst der klassischen Aficionados, bis daß Tuberkulose ihn schnell dahinraffte. Gayetano Sanz aus Madrid, schlechter Töter, aber Künstler mit Capa und Muleta, war, als Einzelgänger, der dritte, bis eine neue Competencia, jene zwischen El Tato und el Gordito die Gemüter erregte. 1869 nahmen sie dem Gordito ein Bein ab, so daß es mit dem Wettstreit aus war, Pepete, der dritte – bei jeder Competencia zwischen zwei Großen taucht ein dritter mit Relief auf – war 1862 dem Miura Jocinero in der Plaza von Madrid innert Minuten erlegen. Im Jahre 1847 hatte Melchor Ordóñez das erste Reglement für Málaga redigiert, die von Madrid und Sevilla folgten 1854 und 58. Paquiros Tauromachie schlug voll durch. Und die verlangte fünf bis siebenjährige Stiere, also Stiere in der Vollkraft, mit viel *sentido.* Man hat sich das Ganze immer noch als Kampf vorzustellen, bei dem es ums Überleben von Mann oder Stier ging.

Mit dem Cordobaner Rafael Molina, Lagartíjo, trat der erste wirkliche *artista* auf den Plan, verwandelte die Tauromachie in Toreo, in Kunst. Ihn beim Paseillo gesehen zu haben, lohne den Eintrittspreis, urteilte Guerrita, sein Mitstreiter und Nachfolger. Außer mit dem Degen, für dessen Plazierung er in seinen späten Jahren eine Finte fand, *la media lagartíjera,* war er in allem majestätisch. Die längste und passionierteste Competencia in der Geschichte des Toreo stellte ihn 22 Jahre lang dem Frascuelo aus Granada entgegen, den die Stiere unerhört schulten und stachen, der sich aber seinen Mut bei *qui-*

Francisco Montes, Paquiro, der Dominator eines halben Jahrhunderts. Schrieb eine Tauromachie, die lange nachwirkte. Starb, vom Sumpffieber gerüttelt, 1851 an den Spätfolgen einer Cornada.

tes und *suertes de recibir* von keinem je abkaufen ließ. Seine Perfektion und exquisite Kunst, Eleganz und Persönlichkeit machten aus Lagartíjo den ersten der drei Kalifen Córdobas – die beiden anderen sollten Guerrita und Manolete werden.

Mit Lagartíjo und Frascuelo wurden die Toreros zu Ido-

len, und sie spalteten die Anhängerschaft, vom Potentat zum Schuhputzer, in zwei unversöhnliche Lager, einschließlich der Engländer, Deutschen, Franzosen, denen Toreo zum Inbegriff romantischer Sensibilität geworden war.

Aus Lagartíjos Cuadrilla stieg sein bester Banderillero auf, und er fegte Mazzantini vom Podest und Cara Ancha: Rafael Guerra, Guerrita. Alleinherrscher, Diktator, für viele der mächtigste Torero aller Zeiten, wahrscheinlich der kompletteste, der längste. Seine Meisterschaft wurde so selbstverständlich, daß das Publikum anfing, zuviel von ihm zu verlangen (was sich für Joselito und Manolete wiederholen sollte). Mit Züchtern und Empresarios sprang er um, wie es ihm gefiel, er verordnete das Herunterzüchten von Stieren und Hörnern, wählte seine Tiere aus. Da er lange Zeit auf den Carteles als zweiter figurierte, setzte er den Stier, den er für den besten hielt, als fünften ein, den zweiten seines Paars, woraus sich der Spruch ableitet, der fünfte Stier sei immer gut – *no hay quinto malo!* Relativiert, wie alle Sprüche, bedeutet das auch: der fünfte tötete Joselito, der fünfte tötete Granero, der fünfte tötete Manolete!

Ein Ausbund an Bescheidenheit war Guerrita gerade nicht. Wer nach ihm käme? Niemand. In seinem Dialekt: *Después de mi, naide, después de naide, el Fuentes!*
Fuentes, der Niemand, der nach Guerrita kam, man kann ihn als Vorläufer Belmontes sehn!

Mazzantini – italienischer Vater, baskische Mutter – wäre beinahe Opernsänger geworden, spielte Klavier und redete Fremdsprachen. Mit ihm stieg die Kultur in den Ruedo, vielleicht auch etwa die Affektiertheit. Als erster ließ er sich mit »Don« anreden, was den Matadoren bis auf den heutigen Tag geblieben ist, als erster kleidete er sich bürgerlich, à la mode. Vor ihm trugen die Toreros auf der Straße den *traje corte,* die Tracht vom Lande, die sie heute noch bei Festivals anziehen.

Mit Reverte und Espartero zogen die Vorläufer der Tremendistas über Land, beide aus dem Stoff, aus dem Volkslieder sind. Reverte nahm dem Mexikaner Arruza das *teléfono* voraus – wie Pepe Hillo dem Antonio José Galán aus unseren Tagen das Töten ohne Muleta um fast zweihundert Jahre vorausgenommen hatte. Als arbeitete das Leben wie Legende: Für Espartero sollte ein Miura das Amen bedeuten, Perdigón hieß der.

Perdigón, ein Miura, der 1884 den Espartero ad patres beförderte und mit diesem Eingang ins spanische Volksliedgut fand.

Nächste Competencia: Bombita – Machaquito, 1900–1913. Beide mutig, beide oft verletzt. Nachdem Guerrita den Stier heruntergemacht hatte, forderte das Publikum wieder den toro-toro: fünf Jahre, wild und *sentido*. Bombita ging in die Geschichte als Gründer des Montepío de los Toreros, Krankenkasse, Unfall- und Hinterbliebenenversicherung mit einem eigenen Sanatorium für die Toreros.

In Joselitos Bruder, in Rafael el Gallo sehen Sie das Genie der Genies. Floh aus dem Ruedo, wenn es ihn ankam, und machte Unsterbliches mit den gefährlichsten Stieren. Corrida war ihm nicht ein Ding des Mutes, es war eine Sache der Inspiration und nur dieser. Rodolfo Gaona aus Mexiko, Vicente Pastor, mächtige Vorboten.

Rafael Gómez Ortega, el Gallo. In Madrid geborener, reiner Sevillaner. Zigeuner, vielleicht der Inspirierteste, ein wandelndes Gedicht. Nicht feige, aber unbeständig, launenhaft. Starb 1960, fast achtzig, am Guadalquivir, wo denn sonst.

Und nun sind sie da, ab 1913 zusammen: Joselito, Gallito, und Belmonte: das Goldene Zeitalter. Wer Joselito nicht für den Größten hält, gibt diesen Preis Belmonte. Joselito, der frühe Vollender – mit 25 war er schon tot (1920, kein Miura diesmal, Bailaor, ein Stier der Witwe Ortega). Und alle hatten gemeint, kein Stier könne Joselito je etwas zuleide tun. Mit sechzehn dominierte er jeden Stier, *parando, templando, mandando, cargando la suerte*. Und war bereit, Belmontes neue Ästhetik zu übernehmen, die den Lagartijo umstieß: *si no te quitas*

Juan Belmonte, der Revolutionär. Rätselhaft, tief, mystisch. Introvertiert, wiewohl er sich mit einer feinen Gesellschaft, Künstler, Intellektuelle, umgab. Erschoß sich 1962 mit siebzig Jahren.

tú, te quita el toro, hatte der postuliert: Entweder du gehst weg – oder der Stier nimmt dich weg. Belmonte sagte: Nein! Und stand hinein in den Stier, in dessen *terreno*. So kann man nicht kämpfen, wenn Sie den sehen wollen, gehen Sie schnell, frozzelte Guerrita zu allen, die es wissen wollten. Heute toreiert niemand mehr anders, und Belmonte starb nicht an einem Horn, sondern an einer Kugel, als ihm das Herz zuviel wurde, wie Hemingway, der eher zu Joselito hielt.

Klassisch und lang war Joselito gewesen, kurz und barock Belmonte, die Revolution: Nahe zitieren, den

Rafael Vega de los Reyes, auch Gitanillo, trägt Trauer für seinen Bruder, den auserwählten Gitanillo de Triana, alias Curro Puya, den Fandanguero von Graciliano Pérez Tabernero 1931 in Madrid getötet hatte. Rafael kam 1961 auf der Straße um.

José Gómez Ortega, Joselito oder Gallito, Rafaels Bruder. Der große Vollstrecker, der alles wußte, alles konnte, vollendet. Bailaor, ein Toro der Witwe Ortega tötete ihn 1920 mit 25 Jahren.

Schwenk dominieren, *temple* haben, Vibration geben, intensiv sein. Die Dynamik der *lidia* in die Plastik des *toreo* überführen. Temple: den pase zwar nicht langsamer, aber länger machen, aus der kleinstmöglichen Geschwindigkeit des Stiers am meisten herausholen.

Was Joselito und Belmonte zeigten, wird aufgewertet dadurch, daß sie mit fünfjährigen Stieren kämpften. Die vergaben nichts und liquidierten im voraus die Weisheit, heute werde besser toreiert denn je. Das stimmt für die Anzahl *pases*, die aus den Stieren gezogen werden, auch für die Nähe zum Stier. Wie und womit das geschieht, das ist eine andere Frage.

Lassen wir doch, bis zum Ausbruch des Bürgerkriegs, ein silbernes Zeitalter vorüberziehen; mit einer ganzen Reihe auserlesener Matadoren, denen man, wäre man ein alter, nostalgischer Aficionado, von den Heutigen kein Wasser reichen ließe.

Eine zweite Revolution hatte die Corrida humanisiert: der Peto, die Steppmatratze, 1927 von Primo de Rivera vorgeschrieben. Die Stiere erdolchten keine Pferde mehr, der Picador wurde ein Instrument.

Die Epoche, die mit Manuel Granero begann, dem Violinschüler aus Valencia, der Joselitos Nachfolge antreten sollte, und den Pocapena vom Duque de Veragua 1922 in Madrid pulverisierte. Die in Manuel García López, Maëra, einen Tollkühnen fand, den 1924 eine Schwindsucht hinraffte. Der Ignacio Sánchez Mejías der romantischste, abenteuerlichste, generöseste, intellektuellste und hochherzigste war, und den Granadino, ein Stier von Ayala 1934 in Manzanares mitnahm. Der Niño de la Palma, Vater der Ordóñez, viel versprach, was er mit Wankelmut und Oberflächlichkeit nicht halten konnte. Die in Marcial Lalanda, Nicanor Villalta, Domingo Ortega Dominatoren fand, die Richtung *lidia* tendierten, und mit Antonio Márquez, dem blonden Belmonte, einen Ästheten, der sich nur von einem Trio etwas vormachen lassen mußte: von den Zigeunern. Voran Rafael, der *divino calvo,* der bis 1936 dranblieb. Übertroffen vielleicht, eine Zeit, von Gitanillo de Triana, dessen Capa man die Schweigeminute nannte, das sagt alles. Dem der Stier Fandanguero von Pérez Tabernero in Málaga ein Bein amputierte, woran er zu Tode siechte. Und Joaquín Rodríguez, Cagancho, ebenfalls aus dem sevillanischen Triana-Viertel, den man allein um seines *apodos* willen lieben muß, wieviel mehr denn für seine Capa, plastisch und erfinderisch, ätherisch und profund – oder nicht da. Mit den ersten Söhnen des Papa Negro, von denen Manolo nur 24 wurde, mit, und und.

Ab dem Bürgerkrieg würde unser nostalgischer alter Aficionado noch Manolete gelten, danach das bronzene, lederne oder papierene Zeitalter anbrechen lassen, in dem es nur noch niederging. Wir sind uns da weniger sicher, wissen wir doch, daß es im Toreo nie anders war: Daß die Nostalgie immerdar das Vergangene verklärte, gehört zur romantischen Hermeneutik des Toreo.

Gewiß ist: Der Krieg zerstörte einen Großteil der Zuch-

Hieratisch, Manolete, wie keiner. Als stünde er zuhause auf dem Stubenteppich, als wäre der Stier ein Schemen, der kommt und verschwindet, eine Sinnestäuschung, die man mit Augenwischen weg hat, oder gar: als wäre man selbst eine Täuschung.

ten, vor allem in Andalusien. In seiner Folge war dem Betrug Tür und Tor offen. Was auch Manoletes Nimbus verkleinert, mit dem ihn Islero von Miura am 28. August 1947 in Linares in den Himmel der Romanzen gestoßen hatte. Islero war rasiert. Doch Manolete, was selten vorkommt,

Bis in die zwanziger Jahre beschäftigte die Corrida echte Volksphantasie. Stierkampf-Ereignisse wurden verdichtet zu Coplas, Lied- und Flamencostrophen, besungen, beklascht, betanzt. Das ist, außer in Paso dobles für Toreros, rar geworden.

ein großer Torero plus ein perfekter Töter. Die mit Capa und Muleta brillieren, versagen oft beim Degenstoß, weil sie in dieser *suerte* Kopf und Hörner des Stieres aus den Augen lassen, blind vertrauen müssen. Manolete war hieratisch, war die Gravität, der Ernst, der Stoizismus und die Melancholie in Person – und er führte neben dem heruntergekommenen, rasierten Stier das *toreo de perfil* sowie den halben *pase* zum endgültigen Durchbruch, was er, der erratische Block, mit seiner starken Persönlichkeit überdecken konnte, womit er aber für die Zukunft viel Schaden anrichten sollte.

Die unmittelbare Zukunft hieß Luis Miguel Domínguín, für eine Zeit *numero uno,* wie er es noch an dem Nachmittag, da Manolete sterben sollte, mit erhobenem Daumen angekündigt hatte. Ein Ingenieur des Toreo, ein Alleskönner aus einer Dynastie, Stilist, begabt, perfekt, kühl. Was ihm in der Arena fehlte: Sensualität.

Einer der zuviel davon hatte und eine so tieffreudige Capa, daß er sie nur sporadisch auslotete: Pepe Luis Vázquez aus Sevilla, an einer Wunde nicht vorbeigekommen, wie heute sein Sohn Pepe Luis. Manolo González konnte die Arme langsam pendeln lassen wie so schnell keiner und zog sich, reich geworden, mit vierundzwanzig zurück, machte sich ans Züchten.

Und wo Manoletes Zukunft in unsere Gegenwart hineingreift: Pedrés, in einer ersten Phase ziemlich tremendistisch, in einer späteren authentischer. Aparicio und Litri, die berauschende Competencia der Novilleros. Die Brüder Girón von Venezuela. Rafael Ortega aus Cádiz, mit schrecklichen Wunden der vollendete Töter der Gegenwart, in seinem Toreo rein, ein großer Pechvogel, der nie zu dem Rang kam, der ihm nach dem Geleisteten zugestanden hätte.

Jaime Ostos aus dem Ecija der dreizehn Türme, Löwenherz mit der großen Emotion, dem sie verschiedentlich die Sterbesakramente an den Operationstisch der Enfermería gebracht hatten, und der nun, nach seiner *despedida,* als deren Präsident die Interessen der Toreros gegenüber der Mafia nicht weniger kämpferisch vertritt.

Und, quer durch die sechziger Jahre, heute neben der Corrida laufend, als vergilbte Spezialvorstellung noch einmal: Manuel Benítez, El Cordobés. Ein Sturm war er schon, nur: Von dem, was er anrichtete, ist außer Geknicktem und einem schalen Geschmack nichts geblieben; sollen andere von ihm schwärmen, ich mag nicht. Lieber rede ich da von Santiago Martín, el Viti. Der nahm das Ganze ernster. Und hatte ein feierliches, zelebrierendes Temple. Und eine aufrichtige, sichere Espada. Er *war* Salamanca: sec und seren, magistral. Lieber rede ich von Diego Puerta, »Diego Valor«, dem seine Verwundungen zusetzten in dem Sinne, daß sie ihn immer dezidierter machten. Am liebsten aber von Antonio Bienvenida, der mir in Madrid noch das Metrofahren erleichterte. Wenn ich, auf dem Weg zur Plaza, an der Station General Mola durchmußte und bei dem unwillkürlichen Gedanken an die faschistisch falschen Heiligen der Ärger mich durchfuhr, daß auch nach vierzig Jahren niemand imstande war, diese Nomenklatur zu ändern, sagte ich mir schnell: Hier in der Nähe müssen die Bienvenidas

Oben die Dominguín mit, im Lichtgewand, Pepe und Luis Miguel, ganz rechts Vater Domingo Gonzalez Mateos. Links außen Antonio »Chocolate«, ehemals Mozo de espadas von Luis Miguel.

Aus Ronda die Ordóñez mit, von links: Cayetano und Juan, tot, Antonio, dem Berühmtesten, Pepe und Alfonso, heute ein Peón, der noch Toreo macht, wenn er mit der Capa rückwärts marschiert.

gewohnt haben. Mit dem größten einer hundertjährigen Dynastie, der sich, 32 Jahre nach seiner Alternativa, kurz zuvor zurückgezogen hatte, mit Antonio war 1975 auf unerklärlich fatale Weise das Kuhkalb Conocida der Amelia Pérez-Tabernero gegangen, als er bei einem Tentadero den Neffen Miguelito in die Geheimnisse seiner Muleta einweihen wollte. Antonio, der letzte klassische *largo* mit *impacto,* ein Fels, verschwunden. Daß er, was von allen – ich sage: von allen Matadoren heute entschuldigt, geduldet, verteidigt oder praktiziert wird, daß er ein Grundübel der heutigen Corrida öffentlich, per TV-Kamera, anklagte: das *afeitado,* das Rasieren der Toros – es hat ihm den Schleim der gekauften und geschmierten Kettengummihunde, der sogenannten Kritiker bis an die Schuhe getragen. Sie verdrehen ihm sein aufrichtiges Zeugnis nach allen Seiten hin. Antonio Bienvenida konnte darüber hinweggehn, seine Afición war zu groß, als daß jemand an ihn gereicht hätte von Papiertigern, die ihn erst verdreckten und, urspanisch, nun da er weg ist, in den Himmel loben.

Der Meister dieser Epoche aber, ob man ihn außerhalb der Plaza mag oder nicht: Antonio Ordóñez. Auch er aus einer Matadorenfamilie und mit Luis Miguel Dominguín verschwägert. Außer in der *suerte de matar,* bei der er, nach zwei schweren Verwundungen, betrügt, von keinem erreicht. Er habe nie anderswo als in der Welt der Stiere gelebt, sagt Dominique Aubier von ihm; seine Könnerschaft entspreche unmittelbar dem ästhetischen Empfinden; er sei ein Stück von dem Mythos selbst, ein *monstre sacré.* So könne er die Zeichen setzen, deren Sinn ihm selbst zwar dunkel bleibe, die aber niemand kunstvoller ausführe als er. Wenn alle Künste ihre Sklaven und ihre Meister hätten, sei er, Ordóñez, beides zugleich. Da sein Mut nie hinter seiner Inspiration, seiner Verzauberung zurückstand, ist dem nichts hinzuzufügen.

In las Ventas, vor der Monumental von Madrid, Universität und Kathedrale des Stierkampfs, steht das Denkmal Antonio Bienvenidas. In Benefiz-Vorstellungen brachten die Toreros das Geld zusammen für die bleibende Ehrung dieses Klassikers moderner Zeiten, der so absurd einem Kuhkalb zum Opfer fallen sollte.

Aus Sevilla die Grazie, aus Ronda der Mut.

Vom Torero das Herz unter dem Lichtgewand.

Der fünfzigjährige Antonio Ordóñez versuchte 1981, erfolglos, eine *reaparición,* ein comeback, verschob es auf den kommenden Sommer. Seine etwa gleichaltrigen compañeros Manolo Vázquez und Antoñete waren ihm in dieser Saison, der jüngere Cordobés zwei Jahre zuvor vorangegangen. Alles, was einmal gut war, wittert im Moment Kuchenteilerluft, nachdem sie, seit Cordobés' Neualtauftritt, wieder flott drauflosrasieren, eine Seuche, der man in den späteren siebziger Jahren Herr zu werden glaubte. Die alten Herren werden nichts dafür tun, und daß sie bei ihrer späten Rückkehr in der Pyramide der routinierten Matadore dieser Dekaden weit oben mitmischen – Antoñete stand, mit 35 Kämpfen, 1981 etwa im zehnten Rang – spricht nicht unbedingt für die Anziehungskraft unserer routinierten Matadore, die, jung und schon alt, ein bißchen ausgelaugt sind, deren Feld keiner von hinten aufrollt, so daß man den meisten in den nächsten Jahren in den Plazas von Spanien, Südfrankreich und América begegnen wird. Ein paar von ihnen sollen, in der Reihenfolge ihrer Alternativa, kurz vorgestellt sein:

Curro Romero
1935, Francisco Romero López, aus Camas bei Sevilla. Alternativa 1959. Sah 1957 bei seinem Debut in Barcelona schon einen Jungstier vom Platz gehn, was, bedenkt man die Fervenz der Novilleros, zumindest sehr ungewöhnlich ist. Anscheinend vertraute Curro früh seinem unvergleichlichen Stil, der aus reiner Begnadung besteht und auf den Stier wartet, der diese aus ihm hervorholt. In Madrid sperrten sie ihn 1967 ein – da er sich weigerte, den *sobrero,* Ersatzstier, zu töten. Vielleicht hat er mit dem Polizeipräsidenten Karten gespielt, jedenfalls schnitt er nicht am Tag darauf zwei Ohren. Aber alle meinen das, erzählen es so weiter. Es muß so sein: Mythos Curro, Legende. Curro ist nicht eigentlich ein Matador, er ist ein parapsychologisches Phänomen. In ihm heiligt Sevilla sich selber. Er füllt die Maestranza an fünf Nachmittagen der Feria – und wenn er fünf Mal versagt. Für die Sevillaner ist Curro ein Totem. Er adelt ihr eigenes Anderssein, bestätigt ihnen Einzigartigkeit, Auserwählt-

heit. Ihr Champion ist zwar ein *sinvergüenza,* wie sie beteuern, ein Mann ohne Schamgefühl, aber ... und sie entschuldigen sich keineswegs; nicht für Curro, nicht für ihre Meinung über ihn. Sie allein können es verstehn, was sollten sie da lange erklären. Wenn jemand zu protestieren hat, sind nur sie es, und sie tun es, dann und wann, lassen ihm ansonsten alles durch, seit über zwanzig Jahren, hoffen und wissen immer um den Nachmittag, an dem es transzendent wird.

Ich sah ihn an die zwanzig Mal, inexistent; doch das eine, am 19. April 1980, entschädigte für alles. Ohne Curro wäre unsere Bürokratenzeit um ein großes Geheimnis ärmer. Denn Curro hat weder Technik noch Mut, noch kann er einen Stier beurteilen, wenn der aus dem Toril kommt. Curro hat nur eines – jenes andere, über das er nichts vermag: *duende.* Der kümmert sich nicht um Ort, Zeit oder Handlung.

Rafael de Paula
1940, aus Jerez de la Frontera. A. 1960. Im Unterschied zu Curro Romero ein echter Zigeuner aus dem Barrio Santiago. Carnicerito de Malaga, ein alter Torero, der sein Schwiegervater werden sollte, steht ihm bei, und die Geste hat Signifikanz: In Ronda trägt er sein erstes *traje de luces,* in Ronda bekommt er die Alternativa, an einer *corrida goyesca,* bei der die Zeit einhalten soll. Rafael hat schon die Sonne aufgehalten, da er ihr Stiere widmete. Er ist der wahre *hondo* dieser Generation, ein Nachfahre der Gitanillo und Cagancho. Rafaels Capote ist manchmal eine Saeta, oft eine Siguiriya, wenn er feierlich wird: eine Soleá. Begreiflich, daß sein Toreo nie recht über Baja Andalucía hinauskam, das Land der Salinen, Weinberge und Lagunen. Als, nach fünfzehn Jahren, Chopera nach ihm griff, brachte er es erstmals auf vierzig Kämpfe. Und es begannen ihm die Knie zu schlottern, Operationen und Rekonvaleszenzen. Auch er hat schon Stiere verweigert; 1975 in Barcelona wollten sie ihn mit Berufsverbot belegen, was, für einmal, die kompakte Solidarität seiner Compañeros verhinderte. Daß nicht nur der Geist, daß auch die Mafia sich nicht um Ort, Zeit, Handlung kümmert, bewies Massa Balañá an der Feria del Caballo 1977 in Jerez, als er Paula auch das vernünftigste Geld nicht geben wollte und ihn draußen ließ. Wenn Sevilla das andalusische Rom sein soll, ist Jerez das andalusische Bologna: Fünftausend blieben mit Paula fern, und die Hauswände verwünschten den Schröpfkönig dorthin zurück, wo er hingehörte – an die Costa Brava, zu den Touristen.

Rafael de Paula, mein ewiger Geheimtip, auf den man nicht bauen kann, dem man vertrauen muß. Wenn er besucht wird, geht er über das Wunderbare hinaus, in ein Jenseits, das ich mir gefallen lasse.

Paco Camino
1940, Francisco Camino Sánchez, aus Camas bei Sevilla. A. 1960. Vater Novillero. Mit vierzehn erstmals im Lichtgewand, und da wußte er eigentlich alles. *El niño sabio de Camas;* das Wunderkind, dem alles leicht fällt, ist er bis in sein fünftes Jahrzehnt geblieben. Ohne zu forcieren hielt er sich zwei Jahrzehnte an der Spitze, diesseits und jenseits des Teiches. Alles hat er nicht gegeben und will den Rest für sich behalten. Achtzehnhundert Corridas sind hinter ihm und nach einem Jahr Unterbruch soll es 1982 wieder resoluter werden. Das Jahr Abschied von den Stieren vermachte ihm 1980 in Aránjuez der vierte von Baltasar Ibán, ein *astigordo,* runde Hörner, wenn man dem so sagen will. Eine furchtbare Cogida, bei der ihm die Macarena beistehen mußte, sollte er nicht sterben. Sterben: Wie sein Bruder Joaquín 1973 in Barcelona als Banderillero seiner Cuadrilla vor Pacos Augen tödlich getroffen worden war, vom ersten Atanasio Fernández, auch ein kommerzieller, der ihm durch die Brust in die Bauchhöhle ging.

Caminos Naturales, mit der Capa die Chicuelina sind einsame Spitze; mit dem Degen ist er, so er nur will, Sonderklasse. Ein Künstler und ein Könner, der den Wunden nie aus dem Weg ging.

Paquirri
1948, Francisco Rivera Pérez, aus Zahar de los Atunes (Cádiz). A. 1966. Wuchs in Barbate, dem Dorf daneben auf, wo sein Vater, einst ein bescheidener Novillero, dem *Matadero* vorstand, dem Gymnasium vieler Toreros der Vergangenheit. Paquirri wird Sie nie enttäuschen, aber kaum in den Himmel heben. Er ist solide, ehrlich, ein Torero *largo,* steckt die Banderillas selber, tötet meistens effizient, oft sehr klassisch, die Suerte zerlegend und aufzeigend. Nicht selten holt er den Stier auf den Knien mit einer *larga* ab, ein Bravourstück des Mutes. Paquirri brauchte lange, bis er wirklich an der Spitze funktionierte, an der er sich nun seit Jahren behauptet. Er hat viel *pundonor* und nimmt seine Verpflichtungen ernst. So kommt er als Triumphator aus vielen Ferias heraus. Wer verlangt denn von den Leuten, sie müßten immerzu über den eigenen Schatten springen? Sichere Werte wie Paquirri schaffen die Basis, auf der, selten genug, Wunder aufbauen. Am 1. August organisiert Paquirri in seinem heimatlichen Zahar jeweils ein Festival, zu dem sich mit Bestimmtheit ein paar Schweizer einfinden.

Angel Teruel
1950, Angel Teruel Peñalver, aus Madrid. A. 1967. Auch ein Torero *largo,* elegant, vielleicht ein bißchen dozierend, akademisch. Matadore sind in der Regel nicht dumm – nein, es gibt keinen dummen Matador, wenn auch dann und wann einer das Maul zu voll nimmt und sich verhaut –, aber Teruels Toreo ist durchzogen von Intelligenz. Von den Matadoren, die Banderillas stecken, ist er der einzige, dem das nicht zur Effekthascherei verkommt, der die Suerte mit Wissen und Können beherrscht. Unter den Fittichen der Brüder Domínguin fand Teruel sehr schnell zur Alternativa und hat sich dann solide installiert. In den letzten Jahren mußte er Rückschläge hinnehmen, Ermüdungserscheinungen. Als authentischer Torero, der viele recursos hat und bei der Afición ankommt, ist er jederzeit imstande wieder aufzuerstehen.

Francisco Ruiz Miguel
1949, Francisco Ruiz Miguel, aus dem *torerísimo* San Fernando bei Cádiz. A. 1969. Es ist schwierig, mehr Herz, mehr Hingabe, mehr Mut an die Stiere zu verschwenden, als Paco das tut, der dennoch, und immer wieder, als in seinem Können bescheiden verrufen wird. In den letzten Jahren schuf er sich zwar einen Platz an der Sonne, aber zu welchem Preis! Immer nur die härtesten Stiere, Miuras, Victorinos-Victorinos, Miuras! Ein Pablo-Romero ist für ihn schon ein Sonntagsbraten. So macht man aus ihm einen Cristo de las Penas, der für die Absolution der andern durch die Hölle, der leiden und Blut schwitzen muß. Natürlich gehört Paco nicht zu den Inspiriertesten, aber zu den Kämpfern von Gnaden der *astifinos,* der *cornalones,* der Stiere, die den Figuritas nicht im Traum begegnen. Wieviel Emotion hat er in seiner *dura batalla* auf dem Sand auch der großen Plazas nicht schon gesät, Saat, die nur in Besserwisserherzen nicht aufgeht! In Kritikerhirnen, die ihm Klasse absprechen, einer jener Nebelbegriffe, die sie noch nie definiert haben und nicht definieren können. Was Ruiz Miguel heute ist, wurde er aus sich allein und vor *Stieren.* Es genügt mir. Ich will mir einen großen Hut kaufen und ihn Paco in den Ruedo werfen.

Dámaso Gonzalez

1948, Dámaso Gonzalez Carrasco, aus Albacete. Mit dem alternden Andrés Vázquez und dem neu erwachten Miguel Márquez ist der Mann von der Mancha wohl der letzte, der die harte Schule der Capeas noch bestand. Diese Schule sieht man seinem Toreo allerdings auch an, nicht nur im Draufgängertum. Er zieht – Angst, ihn zu verlieren – aus jedem Stier heraus, was vielleicht noch in dessen Großmutter drin war. Manchmal ist es zum Ohnmächtigwerden, und ich frage mich, ob nicht hie und da ein Stier ob Dámasos Penetranz schon ohnmächtig wurde. Er ist unsauber, und er dreht zuviel. Er hat jeden und keinen Stil. Doch wenn man mit ihm nicht viel anfangen kann, muß man, um nicht ungerecht zu sein, doppelt genau hinschauen, und dann sieht man: Der Mann hat ein unwahrscheinliches Temple. Er hat einen unwahrscheinlichen Mut. Und er ist ein unwahrscheinlicher Arbeiter. Mir arbeitet er zuviel. Die Kritiker, die nicht Torero werden konnten, lassen an ihm keinen guten Faden: Das spricht für ihn. Daß er seinen Platz hält, wiewohl er keine *exclusiva* mehr eingehen will, was auch für ihn spricht, spricht noch einmal für ihn. Die Afición von Valencia hat ihn gemacht, soll sie ihn haben.

José María Manzanares

1953, José María Dols Avellán, Alicante. A. 1971. Sohn eines Banderilleros. Dies ist der Mann, auf dem die größten Hoffnungen ruhten. Auch schon 10 Jahre her. Er sollte ein *fuera de serie* werden, was er, mangels Punch, nie ganz geschafft hat. Ein außerordentlicher Stilist mit den besten Manieren, mit einem ausgeprägten Sinn für Harmonie und mit bestechender Eleganz. Wer weiß, vielleicht ein bißchen schnell zufrieden mit sich selbst. Den Primat seiner Muleta allerdings bestreitet ihm niemand. Ansonsten muß Manzanares durchleben, was Figuras immer wieder blüht: Wenn es aufwärts geht, sammeln dir alle Bienen Honig; kaum fällst du in ein Loch, ist keiner mehr da, der dich hochzieht. Manzanares hat seinen Platz. Doch – entgegen der Statistik, die Kämpfe zählt – sitzt er in dem Loch, aus dem herauszukommen ihn Überwindung kostet, nicht seine Stärke. In solchen Zeiten verschwören sich die Dinge allesamt gegen einen, nichts läuft mehr rund, und wer, wie Manzanares, ziseliert, ein zartes, subtiles Aroma hat, dem fällt das Kämpfen besonders schwer. Manzanares wird nicht darum herumkommen. Daß er es schaffe, ist zu hoffen, denn mit ihm steht viel auf dem Spiel.

José Luis Galloso
1953, José Feria Fernández, aus Puerto de Santa Maria. A. 1971. Zum ersten Mal sah ich ihn 1970 in Valencia, bei einer Novillada, und ich hielt ihn für einen Messias, der kommen müßte, die Fiesta zu erlösen. Das war Kopf und Bauch, war ein Pfeil, auf starken Bogen gespannt, das stürmte vorwärts und hatte doch Tiefe. Seither hat Galloso alles gemacht, Großes, aber auch Verpatztes, Verzagtes, war in der Versenkung, stieg auf und ließ wieder nach. Manchmal läßt er sich gewiß vor den falschen Karren spannen: Seine Anhänglichkeit, zum Beispiel, an Stiere der engsten Heimat, wie die Osbornes, sie wird – da die ihn, als totale Petarden, regelmäßig Ohren und Triumphe kosten – nachgerade absurd. Galloso tötet, wenn es sein muß, auch *recibiendo*. Was ihm schon einmal daneben geht. Ohne Zweifel hat er unter den Heutigen den mächtigsten Capote, den weitesten, den fächerreichsten. Galloso, Plastiker mit tiefen Armen, läßt dann und wann einen Quite erstehen, der Rafael beschwört, den Gallo, und er hat *hondura*, hat *sabór,* viel *sabór*. Hat, wie Rafael Alberti, den starken Geschmack vom Puerto, aus der Ewigkeit von Salz und Meer; wenn's hoch kommt, ist das allein Poesie.

Niño de la Capea
1952, Pedro Gutierrez Moya, aus Salamanca. A. 1973. Sein Apodo rührt nicht davon, daß er auf Capeas gegangen wäre, sondern von der *escuela taurina*, dieses Namens, die er in Salamanca, ein paar Straßen von seinem Vaterhaus, besuchte. Ein *niño* ist er in seiner sympathischen Offenheit auch nach zehn Jahren Protagonismus geblieben, und damit weiß er vor allem das Publikum der Sonnenseiten auf seiner Seite. Der Capea wußte es überhaupt zu packen, wie es kam, angefangen mit den Corridas de la Oportunidad, die man in Madrid, auf der Suche nach neuen Toreros, organisierte. Capea nahm sie als Katapult und ließ sich nicht bitten, installierte sich als Figura! Seit Jahren führt er nun unbeirrt die Statistiken an, ist von den großen Ferias nicht wegzudenken und weiß die Probleme seiner Stiere mit Alegría zu lösen. Ein freudiger Torero, *que tiene garra,* wie es im Jargon heißt: einer, der ankommt. Mag sein, daß er zu schnell ist, oberflächlich manchmal, aber er ist kein Augenwischer: Wenn der Stier es fordert, setzt er das Leben aufs Spiel. Er ist vielleicht kein handgemachter Torero, sondern, die Zeiten sind so, einer aus der Zunft der *rutinarios*. Und dennoch, dank seiner Persönlichkeit, kein Serienprodukt.

Emilio Muñoz

1962, Emilio Muñoz Vázquez, nicht umsonst aus dem Barrio de Triana, Sevilla. A. 1979. Ein Wunderkind, das bereits als Novillero über jene Gabe verfügte, die den überdurchschnittlichen Torero erst ausmacht und die Magie des Toreo: Temple. Aus dem Temple, das Muñoz heute besitzt, könnte man drei Allerweltstoreros schneidern. Der Vater, ehemals Novillero, wies ihn früh auf den Weg und mit viel Dezidiertheit – es gibt da Geschichten. Emilio enttäuschte nicht. Der Übergang von den Novillos zu den Stieren war, wie es sich gehört, nicht einfach. Emilio mußte kämpfen, ja, er mußte seine ganze *casta* herauskehren, seinen ganzen Mut. Und man verlangte mehr von ihm als von jedem anderen, zurecht, da er Kunst hatte. Seit einem Jahr zieht er mächtig an, ist die sicherste Hoffnung für die Zukunft. Wenn nicht alles täuscht, wird er bald viel Verantwortung übernehmen müssen. Man sollte sich nicht auf Prognosen einlassen – ein Horn genügt, einen Matador aus der Bahn zu werfen – aber ich wage es: Emilio Muñoz wird sich der Verantwortung als Nummer Eins nicht entziehen, denn in ihm paart sich die reine Kunst, *arte puro de Triana,* mit ungewöhnlicher Sicherheit. Auch mit Selbstsicherheit, die berechtigt ist. Ein Torero mit *casta* und ein Torero mit Kunst: Muñóz ist zwei in einem. Wenn er die beiden zusammenhält, und ich zweifle nicht daran, sollen die Stiere nur kommen.

Von den Jungen bewies Tomas Campuzano aus Sevilla, kein Exquisiter, aber ein Unverzagter, daß es noch heute möglich ist, ohne und gegen das Monopol zum Durchbruch zu gelangen. Mit Alberto Aliaña, einem erfahrenen, unabhängigen Apoderado, eroberte er sich über schwierige Stiere einen Platz, den er, da er keinen Tag nachgab, halten konnte. Er mußte die Stiere fressen, wollte er nicht gefressen werden. Aber das ist schließlich die Art, wie man Torero wurde, ehe mit den Exklusivsten das Zeitalter des Gähnens begann, und sie verspricht für die Zukunft.

Espartaco, der wie ein Spartacus kämpft und aus Espartinas kommt, dürfte es schwierig haben, mit seinem Stakkato – Toreo nicht zu verglühn. Die Chance muß man ihm geben, vielleicht daß er einen Legato-Atem bekommt. Pepín Jiménez aus Murcia, dessen Familie vom Toreo beleckt ist, erhielt die Alternativa zum richtigen Zeitpunkt. Mit El Soro aus Valencia und einer Handvoll starker Novilleros, deren Explosion nachgerade herbeigefleht wird, gehört er zu den Auserlesenen, die eine ganze Generation überfälliger Matadore mit an den zwanzig Dienstjahren nach Hause zu schicken hat. So Gott will – und die Stiere es erlauben, müßten unter diesen Konquistadoren sein: Arturo Blau Espadas, Luis Miguel Campano, Juan Mora, Vicente Yestera und, last not least, Pedro Castillo.

Und irgend ein gnädiger Wind muß den Vázquez-Sohn Pepe Luis zurückwehen, ihm zeigen, was ein Sturm ist; daß der so klanglos untergeht, ehe er überhaupt gesungen hat, darf nicht sein. Und irgend eine Macarena, eine Esperanza de Triana muß den Mantel auftun und ihre Gnade herausfallen lassen auf den, den es noch nicht gibt, der aus dem Nichts kommt und das Ganze aufrollt, als wär's der erste Tag.

Miguel Márquez, mein Matador

Rafael de Paula hat die mystischere Capa, Julio Robles mehr Eleganz, Curro Romero mehr *temple* als er. Manzanares ist der feinere *muletero,* und auch Paquirri tötete etwa schon *recibiendo,* wie Miguel das tut, wenn der Stier es verlangt.

Mein Matador heißt Miguel Márquez.

Seine Geschichte kennen alle Taurinos. In den zwei Jahren des Durchbruchs zur Alternativa, dann drei, vier Jahre als Matador beherrschte er die Szene, hatte, ein Gradmesser, am meisten Kämpfe, hier und in América (101 in dem Jahr 68 allein in Spanien, trotz dreier Verletzungen, die ihn Kontrakte kosteten). Dann kam er, langsam aber sicher, herunter.

Hatte er die Lust verloren?

Im Jahre 1972, als er im Zenit war, brach er mit José María Recondo, dem Mann, der ihn gemacht hatte, und ging zu den Camará. Mit denen konnte er nicht glücklich werden, ich wüßte nicht wie. Curro Caro, der ihn wieder an die Spitze führen sollte, verunglückte auf der Straße. Der Mozo, zu dem er wie ein Sohn stand, Manuel Estébes, Cabeza de Triana, starb an Magenkrebs. Miguel, allein, versuchte es gegen die Welt. Und gegen die Mono-

polios, was mehr ist. Fing, statt zu kämpfen, zu reflektieren an. Aus dem Reflektieren wurde ein Sinnieren. Miguel war sich nicht immer so sicher, ob das Ganze noch lohne. Jacinto Alcón, der den Rejoneador Moura groß machte, ehe der ihm, da er lief, von dem Strohmann Canorea abgenommen wurde, Jacinto, ein Inbild von einem Aficionado, *hombre de campo y de cante,* dem vieles gelungen war, er mußte mit seinem Schützling erfahren, wie die Monopolios abschotten, wenn einer wie Márquez als Einzelkämpfer kommt und *dos cojones* hat und es wagt, sich als Matador bei dem völlig legitimen Aufstand der Subalternen im Jahr 1978 an die Spitze der Rebellen zu stellen. Handschlag-Kontrakte sind da bald aufgelöst, und im Toreo geht alles per Handschlag. Márquez konnte eine neue Erfahrung machen: wie weit es her ist mit der Solidarität unter Brüdern. Daran durfte er grübeln, bis er genug hatte, bis er sich, Traum eines jeden Torero, lieber ganz seinem *campo* ergab. Um aber nach zwei Jahren, 1981 mit der Cuadrilla del Arte – Pepe, Manolo Ortiz, Curro Alvarez – und neuer ilusión wieder aufzuerstehn. Vor den Victorinos in Madrid 1981 bescheinigte ihm die versammelte Kritik (die man, sagt Márquez, nicht liest) Reife und Kunst, *temple* und ungebrochenen Mut. Jene Victorinos, die heute die Plazas füllen und triumphieren, ob sie gut, schlecht oder ein Debakel sind, und die Miguel Márquez 1975/76, als er ziemlich verzweifelt war, mit unwahrscheinlicher Selbstverleugnung überhaupt erst dahin gebracht hatte, wo sie heute stehn: oberste Stufe, salonfähig, Legende. Und der Malagueta bescherte er mit seiner Cuadrilla del Arte in ebendiesem Sommer 81 einen Freudentaumel, wie sie ihn seit Jahren nicht mehr erlebte. Aus der Feria von Valladolid kam er mit drei Ohren von Victorinos heim.
Die Dinge scheinen an ihren Platz gerückt, es kann wieder aufwärts gehn.
Miguel Márquez ist nicht, was man einen Begnadeten nennen würde, der seine übernatürlichen Gaben ausspielte, als sprängen sie aus dem Handgelenk. Auch wäre er hiezu zu klein an Wuchs, hätte zu wenig Arme, die er laufen lassen könnte. Miguel, das ist immer: der Stier oder ich. Und er, das ist ein anderer. Miguel ver-

wandelt sich bei der Corrida in jenes mythische Wesen, das da hinabzusteigen hat, und er geht ohne Ariadnefaden; den gilt es jedesmal zu finden, mit dem Stier. Wenn er im Ruedo ist, vergißt er alles, denke ich. Ich habe zugehört, was für ein Märchen er, laut und deutlich und *tira e molla,* einem Stierchen erzählte, das er da formte und formte, bis er es hatte, wo er es haben wollte – und das Stierchen war ein Miura, bald zweimal so hoch wie Miguel. Das Märchen pendelte zwischen Scheherezade und Cantar del mio Cid, zwischen la Belle et la Bête und Edgar Allen Poe. Und es war ein gutes, ein echtes, eben erfundenes Märchen mit Ohren am Schluß. Im Toreo gibt es das, und Miguel ist es, im besten Sinn, wie Saint-John Perse es in der Poesie war: rhetorisch. Miguels Linie ist klar, hart, scharf, ist sengend, sauber, karg – und barock: schweifend, tumeszierend, explosiv. Miguel ist leise laut und beherrscht dämonisch. Er schwebt im Ruedo, aber er brüllt seine Leute an, wenn sie ihm zu nahe kommen. Er bekommt den Biß eines Steinbrechers und die marmorierte Arroganz einer Renaissancefigur, wenn der Stier auf seiner Höhe ist.

In ihm rächen sich, exemplarisch, Jahrhunderte stolzen andalusischen Elends, andalusischer Unbeugsamkeit in einem Bündel Mann, das vor dem sehr großen Untier, das die ganze Welt ist, über sich hinauswächst. Es ist dies animalisch, ist Schicksal in ihm – doch daß Sie mir das nicht falsch interpretieren: Ich habe zugeschaut, wie er, ohne sich beobachtet zu wissen, eine Ameise von der Straße trug, damit keiner darüber fahre. Er ist gravitätisch und zärtlich, tollkühn bis zum Exzeß, aber, wenn es das gibt: mit Kopf. Er ist theatralisch, kann pathetisch sein – doch nie Komödiant, wie der Cordobés es war. Stets kämpfte er noch dichter an den Stieren als die andern – dennoch hat er sich, in über tausend Kämpfen, nicht mehr als zwei schwere Verwundungen geholt, gegen die achtundzwanzig von Ordóñez oder das gute Dutzend von Camino, die als Toreros *poderosos* gelten. Miguel war der mutigste von allen, und er stand Tag für Tag in den Hörnern des Stieres. Sein sechster Sinn, seine *cabeza privilegiada* ließen ihn bisher nicht im Stich.

Miguel ist nie den einfachsten Weg gegangen. Er stellte

sich vor die Pablorromeros, Conde de la Cortes, vor die Miuras und Victorinos, wann immer es sein mußte. Und er ist, neben Camino, vielleicht Paquirri, heute einer der wenigen, die töten können, daß es ein tauromachischer Höhepunkt wird. Im Sinne von Paula oder Curro Romero mag Miguel Márquez kein Erleuchteter sein. Dafür hat er nicht die Blackouts, die bei diesen an der Tagesordnung sind; dafür hat er eine ungeheure Professionalität und ein Stierwissen, die nie trügen. Dafür betrügt er nicht. Was man *pundonor* und *vergüenza torera* nennt, in ihm finden sie ein lebendes Denkmal. Ich verstehe, daß die ihn in Málaga zärtlich *Chanquete* rufen, *Chanquete de oro* – goldene Sprotte. Und daß sie eine Straße nach ihm benannt haben – Calle Miguel Márquez –, am Meer, wo ein mächtiges Aroma aufkommt und die Idee von der fließenden Statik in der Luft ist. Wäre er eine Spanne höher, Miguel hätte die anderen allesamt heimgeschickt. Wenn er aus der langen Glut einer *media verónica* versteinert aufsteigt, erscheint er mir als ein Belmonte.

Miguel Márquez, mein Matador.

Der Matador Miguel Márquez erklärt sich und seinen Beruf, der eine Berufung ist:

Schau, Pedro, ich würde das *Toreo* als den schwersten Beruf bezeichnen, den es auf der Welt gibt, mindestens in Spanien gibt. In Spanien und auf der Welt der schwierigste Beruf. *Toreo* kommt aus einem *sentimiento grandísimo*. Das muß der Torero haben. Der Matador muß, was er macht, spüren. Darüber hinaus ist es sehr schwer, weil er gegen das Publikum kämpft – und gegen dieses Untier, das ein wilder Stier ist.
Kunst?
In vielen Stieren kann man sie instrumentieren, Pedro. Andere muß man bekämpfen. Das erste ist Technik und Professionalität. Die kann ein Matador erlangen. Dann erst kommt, mit den guten Stieren, vielleicht die Kunst. Wenn einer sich mit dem Stier *a gusto* findet, wird Kunst sich schon einstellen, denn jeder Torero hat *arte* im Bauch. Wenn man mit einem schwierigen Stier kämpft, kann man Ästhetisches bieten, was aber nicht mit Kunst verwechselt werden darf, die etwas Inneres ist.
Kein Torero, der mit einer *faena* im Kopf an einen Stier herangeht, kann mit diesem Stier triumphieren. Darum ist es so schwer. Alles entwickelt sich aus dem Moment und aus den Bedingungen, die der Toro dir aufdrängt. Ich habe vielleicht 2000 Stiere getötet – mehr, es sind mehr –, und nicht einer, kein einziger glich dem andern.
Mut?
Mut ist etwas, was man sich vornehmen muß. Jeder kann Mut haben. Er muß es sich nur richtig vornehmen, sich von Kind an diesen Mut schaffen, sich sagen, ich will Torero werden, es darf nicht anders sein, ich kann es. So bekommst du einen spartanischen Mut. Man muß seine fünf Sinne von klein an nur auf dieses eine ausrichten. Und sich vorbereiten. Vertrauen bekommen in die Beine, die Bewegungen, die Reflexe und so fort. Was wir *nicht* beherrschen können: die Angst vor dem Publikum. Nein, nein, Pedro, das sage ich nicht für die Galerie, es ist so. Mich haben sie zu einem mutigen Torero gestempelt, und ich glaube, ich bin es. Aber wie oft hatte ich Lust, Spanien und alles hinter mir zu lassen, meine Frau,

Was wird aus mir geworden sein heute abend um sieben?

meine Kinder, mein Haus, mein Vermögen – alles. Wie oft hatte ich Lust darauf, vor einer Corrida, bei dem, was man da durchmacht.
Im Hotel, was passiert da? Viel Angst passiert da. Viel Angst, die einen zu Fall bringt.
Doch du denkst nicht an den Toro, du denkst daran, daß zwanzigtausend Leute auf dir hocken, und diese zwanzigtausend, *claro,* was wollen die? Die wollen nur eines: deine Beinschlagader, ja, und dann deine Halsvene. Das Stierkampfpublikum geht zur Tragödie. Ich bin Torero – und sie haben dafür bezahlt. Alle wollen sie nur das.
Erstens: Der Stier soll sehr groß sein.
Zweitens: sehr alt, damit er ja viel *sentido* hat und auf seine Gelegenheit wartet.
Drittens: die Hörner möglichst offen und lang.
Viertens: daß seine Hornspitzen sehr scharf sind, *muy astifino.* Und könnten sie ihm überdies zwei Dolche aufstecken – sie würden es tun.
Das ist die Realität des Toreo: 20 000 Leute mit einem Messer in der Hand. Die sind hinter dir, und du mußt mit deinem wilden Tier kämpfen, so kämpfen, daß die ihre Messer vergessen. Nicht das Tier macht mir Angst, die Leute.
Wenn ich auf der Weide mit einem Stier spiele, genieße ich, daß es eine *barbaridad* ist!
Ein Theaterpublikum, das sind fünfhundert, tausend Leute, die nur wünschen, daß der da auf der Bühne nicht aus dem Text fällt. Wir aber haben 20 000 im Rücken, jeder von ihnen mit einem Messer.
Welchen Stier ich mir wünsche?
Mir gefällt, wenn ein Stier Temperament hat. Dann wiederholt er seine Angriffe. Wenn er vier-, fünfmal kommt, fange ich an zu spüren, zu leben. Dann verwandle ich mich. Verwandle mich mit ihm.
Kämpft ein Torero mit *sentimiento,* überträgt sich etwas auf das Publikum. Ist es nur technisch – nichts!
Welches Publikum am meisten versteht?
Schau, Pedro, keines. Keines. Denn nicht einmal wir Berufsleute begreifen den Stier. Doch wenn ich etwas bin, verdanke ich es dem Stier. Dem Stier und meiner Muleta. Nur damit bin ich etwas in meinem Leben, *claro?*

Ay Córdoba, Cordobita, wirst deine Leute los.

Erst Manuel Martínez den Banderillero Manene. Nun nahmen sie ein Bein ab dem armen, dem ärmsten Bebé.

Die Cuadrilla: drei Banderilleros, zwei Picadores im Sold des Matadors; alle Toreros. Dazu der Mozo de espadas, das Mädchen für alles, die meistbeschäftigte Person in dem Verein. Von der Unterkunft bis zu den Eintrittskarten für die unabhängigen Kritiker besorgt er auch das Unmögliche. Toreros sind immer in Eile, heute hier, morgen da. Wenn etwas nicht klappt, kann man es dem Mozo in die Schuhe schieben. Dem Vertrauten, Fürsprech und Beichtiger des Matadors.
Kämpft ein Matador viel, sind diese Leute ein halbes Jahr zusammen unterwegs, Tag und Nacht. Eine Familie. Und in der Plaza aufeinander angewiesen; einer wird, wenn nötig, für den anderen das Leben riskieren. Die Subalternen bezahlen bedeutend höheren Blutzoll als die Matadore. Sie sind der tragende Mittelbau des Toreo, seine stillen Diener und Opfer.

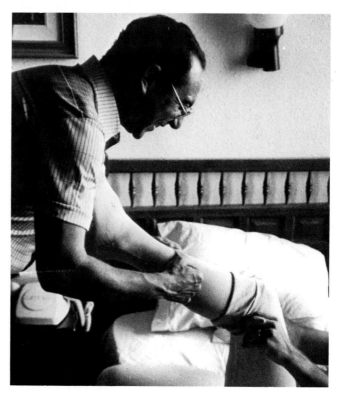

Gegen Abend sind wir losgefahren. In Madrid warten die Victorinos; übermorgen. Da es ein sehr wichtiger Kampf ist, wollen die Männer einen Tag einlegen und sich die Dinge in Ruhe ansehn. Aber bereits dreht sich das Interesse der Mannschaft um die August-Feria in Málaga, zuhause: ob lieber Miuras – ob besser Pablo-Romeros. Die Miuras sind *mala lata,* wüste Schwarten, die Pablorromeros schwer, aber mit guten Hörnern. Manuel hat die Corrida gesehn: *muy bonita.* Also klein (*bonito* – schön heißt für die Toreros bei Stieren immer: klein; was hier allerdings relativ ist, bei dieser Rasse; Pablorromeros gehören – nicht im Sinne der Toreros – zu den schönsten Stieren, wenn sie nicht die schönsten sind).
Das Summen des Motors, Nacht, Landstraße und Nacht. Wir fragen uns, ob es wohl Leben gibt auf anderen Sternen – und ob die da oben Tabak haben. Hier gibt es weder – noch, nur Landstraße und das Summen des Motors.
Um Mitternacht, irgendwo, die verwaiste Taverne, das frugale Mahl. Etwas Tortilla-Ähnliches und etwas, das, ehe es diesem Wirt auf den Rost kam, mit Wachtel zu tun haben mußte. Versonnen mischt der Maestro, so nennt die Cuadrilla den Matador, Vitaminpulver ins Sprudelwasser: Victorinos sind Stiere wie andere auch, der Rest ist Legende, aber man kann ja nie wissen!

– Daß so viele Stiere umfallen, und man weiß nicht warum!
– Die Veterinäre von Córdoba haben es herausgefunden. Im Rückenmark gewisser Rassen bildet sich eine komische Art globuli.
  (Weit weg ist Nono mit seiner Vermutung nicht, denn bei manchen Stieren, weiß man heute, treten in der Streßsituation während des Kampfes tetanusartige Spasmen auf, die sie fällen).
– Dann müssen die von übermorgen soo große haben (gezeigt werden Fäuste)!
– Degenerationserscheinungen hochgezüchteter Kunstprodukte.
– Seit Jahren hat es nun die stolzen Pablorromeros erwischt.
– Die stehn wieder besser.

– Sind ja auch von rechten Eltern, bei Gott!
– Die jungen Pablo-Romeros haben ein Vermögen investiert, um herauszufinden, warum ihre Stiere umfallen.
– Die Jungen, wen meinst du? Da sind zehn an der Krippe.
– Ich meine Don Felipe, Gott hab ihn selig, Don Jaime, die Brüder.
– Bei den Pablorromeros ist das eine Inzuchterscheinung.
– In neunzig von hundert Fällen kennen wir das Problem: Die Stiere haben keinen Auslauf. Ihr Gegner ist der Traktor. Man macht sie dick, groß, schwer, ohne daß sie sich bewegen können. Man hängt ihnen Kilos an, mästet sie.
– Wer will das?
– Das Publikum.
– Und wer macht diesen Geschmack?
– Die Kritiker.
– Die müßte man vor die Stiere stellen. Schauen, wer zuerst umfällt, *leche!*
– Früher züchteten die Ganaderos aus Afición. Heute geht es nur noch ums Geschäft.
– Ums Überleben. Geschäft ist das bei weitem keines mehr. Wer züchten will, muß Reserven haben.
– Die rein kommerziellen Zuchten gehn rasch wieder ein.
– Gesundschrumpfung kann nicht schaden.
– In den Jahren des Booms meinte aber auch jeder, der zwei Kälber hatte, er müsse Kampfstiere züchten.
– Wenn ihr schon bei den umfallenden Stieren seid, vergeßt mir bitte den *mueco* nicht, meine Herren!
– Doch nicht bei den Pablorromeros!
– Pedro macht gerade Literatur!
– Aber traurige. Die Garotte, der Folterkasten, in den so viele Stiere gespannt werden, um ihnen, kurz vor dem Kampf, ein paar Zentimeter Horn abzusägen, abzufeilen. Das Trauma erledigt die Tiere, macht sie psychisch kaputt. Die erholen sich nicht so schnell. Was ja auch nicht gewünscht wäre!
– Wo hast du denn diesen Mueco gesehn, Pedro?
– So nennt ihn meinetwegen *cajón de cura*. Das tönt anständiger, die Schweinerei bleibt die gleiche.
– Du verwechselst das mit deinen Schweizer Milchkühen.
– Die schwarzen Götzenbilder vom vorigen Sonntag, als die Stars in Sevilla aufkreuzten, waren keine Milchkühe. Sie kamen herein wie die Götter – und nach drei Minuten waren es rinnende Sandsäcke, geplatzte Luftballons. Niemand wollte das verstehn.
– Außer dir, Gringo?
– Klar jedenfalls, daß die beim Coiffeur waren. Beim Schönheitschirurgen, wenn dir das lieber ist. Und sie haben es nicht überstanden, geschweige denn eine Pica.
– Da lobe ich mir die Touristen, die alles so fein verstehn, zu unterscheiden und bald einmal besser zu wissen meinen.
– Und ich lobe mir die Camarilla, das Kazikentum, die Camorra, was immer diesen *planeta de los toros* ausmacht, der alles unter den Tisch wischt, was ihm auf dem Tisch nicht genehm ist.
– Schuld an dem Puff sind die Empresarios.
– Die allein haben noch zu befehlen.
– Zum Schluß sind immer die Empresarios dran, flotte Sündenböcke!
– An den Küsten haben die den Touristen zehn oder zwanzig Jahre lang Mist serviert, den letzten Mist.
– Einmal und nie wieder!
– Ewige Minimalisten, immer gehn sie unter den Strich.
– *Joder puta!* Auf den Strich gehn sie auch.
– Und wir gehen jetzt! Stellt mir, wenn möglich, den ewigen Sender ab. Muß es schon Palaver sein, so redet über Stiere. Von denen habt ihr zu lernen. Die sind gescheiter als ihr.

Das war der Matador. Der Maestro.
Dann Nacht und Landstraße und Nacht.

Auf einer Zucht, an den Corral gelehnt, ein Cajón de curas, in dem kranke Tiere gepflegt, geimpft, versorgt werden können. Mit der Winde werden, den Stier zu immobilisieren, die Hörner verschraubt. Leider dient der Käfig öfters auch ganz unheiligen Zwecken, dann nämlich, wenn Toros auf niederträchtige Weise Hörner abgefeilt bekommen, was ihnen jede Sicherheit nimmt.

Der Stier gibt und nimmt alles

oder
der klassische Weg
eines guten und gescheiten
Banderillero

Manuel Espinosa, im heißen Cantillana geboren, einem Dorf, nahe Sevilla, auf dessen Prärie die fabelhaften Tulio Isaías-Vázquez-Stiere weiden. Manuels Vater, Schullehrer, wechselt die Stelle und zieht samt Familie nach Melilla, spanisch Afrika, um den Knaben, der statt Torero etwas Rechtes lernen soll, auf den Weg in eine gesicherte Zukunft zu bringen. Doch von der Mutter her hat Manuel einen Onkel, Miguel Robles, der ist Novillero und Manuels großes, einziges Vorbild.
Ein Cousin bezahlt dem Jungen in Sevilla die Rechnungen für eine kleine Pension, und diesem Verwandten gelingt es, via die Mutter Manuels Vater umzustimmen, so daß der seinen Segen gibt, geben muß, als dieser mit vierzehn *becerrista* wird, an einem Marien- und Dorffest

Viele Peones, Banderilleros, waren einst Novilleros, auf dem Weg. Tausend Umstände können den Weg zum Matador abschneiden, es gehört nicht nur Geschick dazu. Einsichtig geworden, das höchste Ziel aufgegeben, reihen sich diese Leute in die Cuadrilla eines Matadors ein. So können sie bei den Stieren, bei ihrer Leidenschaft bleiben. Natural und Estocada, beide perfekt, zeigen es: Manuel Espinosa war ein sehr guter, stilsicherer Novillero gewesen.

im September in Cantillana im *traje de luces* seinem ersten Kalb die Ohren schneidet. Das Jahr darauf sieht eine Novillada in Fuente de León und nochmals Ohren. Viel *toreo de salón,* Tag für Tag, viel Landstreicherei; das Land ist weit, Kämpfe gibt es wenig, Geld keines. Nach Afrika will Manuel nicht, nochmals zur Schule schon gar nicht, etwas muß geschehn: Manuel verdingt sich, 16jährig, als Freiwilliger für fünf Jahre beim Militär. So hat er, in der Kaserne, Bett und Essen. Seine unmittelbaren Vorgesetzten dulden, daß er sich, unter was für Vorwänden auch immer, von der Truppe entfernt, um auf *tentaderos* dazuzulernen und in Novilladas sein Glück zu suchen. In Alcalá del Rio nimmt ihn ein Jungstier dermaßen an die Brust, daß Manuel, bei seinem zerbrochenen Arm und zerschundenen Kopf, auch mit der Behauptung, er sei vom Trittbrett der Tramway gefallen, an seinem Hauptmann nicht mehr vorbeikommt. Militärspital; dann nur noch warten, bis der Kommiß zu Ende geht.

So ist Manuel zwanzig, als er in Sevilla mit Picadores und dem *apodo* Curro Cantillana anfängt. Im Jahr darauf bekommt er, nachdem er in Barcelona und in Zaragoza gut war, sein Debut in Madrid. Muy bien. Die Empresa gibt ihm drei weitere Kämpfe, zwei davon in Madrid, einen in San Sebastián. Muy bien. Er ist auf dem Sprung zur *alternativa,* zum Doktorat, wie sie sagen. Da zerfetzt ihm in Sevilla ein überjähriger, schwerer Tulio Arm, Schultern und Schlüsselbein. Manuel fällt aus, für ein Jahr, kommt schlecht zurecht, verliert eine Saison. Und ist schon den siebten Sommer unterwegs, seit es mit jenem Marienfest in Cantillana begann. El Trianero, ein Freund mit viel *cartel* für den Augenblick und mit einem guten Apoderado, Pepe Ordóñez, überredet ihn: Ach, du bist nun lange ohne einen Kampf, das Publikum hat dich vergessen, da mußt du nochmals von vorne beginnen – ich aber kann einen guten Banderillero brauchen. An Ostern nehmen wir in Barcelona die Alternativa, am Montag sind wir in Arles, gehn dann für die Feria nach Sevilla, dann Madrid, San Isidro!

Manuel zieht mit dem Trianero – und der Trianero bergab!

Manuel beginnt mit Antonio Segura aus Málaga; die

hohe Zeit der Touristen-Corridas ist angebrochen, es gibt ihrer viele. Nach zwei Jahren haben Segura und Manuel genug.

Antonio de Jesús will *figura* werden, und er überzeugt Manuel. Es ist die Zeit, da, noch ohne Pferde, El Cordobés seine ersten Verrücktheiten auftischt. Der Jesús hält nicht, was er versprach.

Chamaco kämpft sehr viel, bekommt Espinosa zu sehn und wirbt ihn ab. Drei Jahre dient Manuel dem Chamaco, einem tremendistischen, publikumswirksamen und mutigen Torero, dessen Rayon der Norden und die Touristen sind. Manuel wohnt in Barcelona, im Chinesenviertel, bei einer Afición, die ihn mit ihrer schwierigen Plaza nicht warm werden läßt.

Manuel hat nichts dagegen, daß Victoriano Valencia, ein guter Stierkämpfer – heute gewiegter Empresario –, ihn holt. Drei Jahre. Dann kommt Manuel zu Curro Romero. Über dessen Format braucht man sich nicht streiten. Er hat eines. In vier *temporadas,* wovon zwei in America, sieht Manuel, wie der Pharao sieben, acht Stiere annimmt – die aber so! Den Rest läßt er fahren. Und Curro hat, neben seinem Bruderherzen, noch etwas: *por fandango* canta bien!

El Pireo ist gerade scharf im Rennen; siebzig Corridas macht Manuel mit ihm in einem Sommer. Nach zwei Saisons ist der Pireo am Ende. Mit Mondeño geht Manuel wieder nach América. Mondeño läuft gut – aber geht dann ins Kloster.

Mit Paquirri reißt Manuel sich in der Plaza von Barcelona die Achillessehne. Er fällt ein Jahr aus und für die Banderillas, bei denen man laufen muß, fast ganz. Mit dem Capote aber ist er gut; er lehrt die Stiere anbeißen, und das ist, worauf es dem Matador ankommt. Miguel Márquez nimmt ihn 1971 in seine Cuadrilla. Die nächsten zehn Jahre wird Manuel daneben seinen Rückzug vorbereiten; er will nicht eines Tages, wenn es nicht mehr geht, mit einem Gnadenbrot vorlieb nehmen oder aus einer Cuadrilla geekelt werden. Nach jeder Corrida fährt er die Nacht durch – inzwischen ist es Madrid, wo er zuhause ist – duscht und geht ins Geschäft. Da er 1981 das Ganze an den Nagel hängt, ist er Direktor und kann sich, wenn es ihm paßt, für eine Corrida freimachen.

Was ihn am meisten ärgert, sind die Parasiten rund ums Toreo. Und daß man mit den Ellenbogen weiterkommt als mit der Kunst. Daß die Börse in den Bars statt auf dem Sand gemacht wird. Daß die Jungen wenig Afición haben, nur Geld sehn. *Oficio,* Professionalität und angeübte Meisterschaft haben sie auch nicht.

Sie laufen ein Jahr gut – schon wollen sie die Alternativa. Zu Manuels Zeiten, da waren sie, ohne Übertreibung, zwölf bis vierzehn Novilleros, die alle seit Jahren kämpften, perfekt. Die Leute gingen hin, wenn sie auftraten. Nicht wie heute, da die Organisation einer Novillada ein ruinöses Unternehmen bedeutet. Und die Toreros waren Idole; wo immer sie durchkamen, hielt der Verkehr ein. Belmonte, Manolete, auf seine Art der Cordobés waren Erneuerer. Heute kämpft alles, wie Manolete es vormachte, im Guten, im Schlechten. Eine große, starke Persönlichkeit muß her und die Normen brechen. Damit das Toreo aus Monotonie und Akademismus herausfindet. Manuel verzagt nicht: Auf Belmonte, auf Manolete, auf Cordobés mußte man warten. Den Messias kann man nicht mit Händen machen.

Daß die Stiere untergehen könnten, ist ihm unvorstellbar. Denn für Manuel gibt es nur eine große Wahrheit: Der Stier gibt und der Stier nimmt. Alles.

El Viti –
ich gleiche ihm ja!

dem Geld nachrennen, wenn man überhaupt welches bekommt. Ich bin schon oft betrogen worden. Von dem vielen Geld, das da oben im Umlauf ist, auf dem Weg vom Matador zu mir herunter wird überall abgezweigt. Ich will nicht klagen, mein Leben gefällt mir. Mit ein bißchen mehr Glück wäre ich, früher einmal, Torero geworden. Mein Vorbild, als Mensch und als Matador, Santiago Martín, el Viti, das verstehst du, ich gleiche ihm ja.
(Und Viti glaubte, Ruiz Miguel würde ihm Zähne hineinmachen lassen, da er ihm doch den ganzen Winter durch zu den Pferden geschaut hatte und auf der Jagd beinahe erschossen worden wäre. Und hätte el Viti bessere Zähne gehabt, die Langostinos, die er, ganz Diener und ganz galantuomo, meiner Compañera kennerisch aufmachte, er hätte sie ihr vorgekaut; wie er überhaupt der Loyalste von allen war und eine Seele von Mensch, el Viti.)

Guten Abend, ich heiße Francisco Bustos, doch alle nennen mich bei meinem Künstlernamen: El Viti. Weil ich ihm gleiche, dem besten Torero der Welt, dem aus Vitigudino, Salamanca. Ich bin ein *ayuda de mozo de espada,* das heißt, ich mache alles, was sonst niemand tut. Ich putze das Blut von den *capotes,* trage die Koffer und Degenetuis herum, serviere den Toreros ihren Kaffee in die Zimmer. Es ist eine sehr schlecht bezahlte Arbeit, aber für mich die einzige Möglichkeit, bei den Stieren zu sein. Ich komme weit herum, von Sevilla nach Bilbao, bin bei allen Ereignissen dabei und kann so meine *afición* befriedigen. Allein in diesem August zum Beispiel: San Feliú, Huelva, Málaga, Palma, Vitoria, Benidorm, weiter Ibiza, San Sebastián, Gijón, Bayonne, zurück nach Almería, dann Bilbao, Linares, in einem Monat an die 20 000 Kilometer.
Ich mache das, seit ich 23 war, nun bin ich 43. Ich helfe auch im *callejón,* habe also einen Logenplatz.
Das Schlechte an der Sache ist, wir sind nirgends fix, werden von Fall zu Fall bestellt. So muß man immerzu

Ohne den Stier wäre ich nicht hier

oder
das Monopol
als Erfindung der Journaille.

Viele taurinos halten Sie, Manolo Chopera, für einen noch immer Angefressenen, für einen Aficionado. Als Empresario der Monumental von Madrid, der Kathedrale und Schaltstelle des Toreo, sowie zahlreicher weiterer Plazas vermarkten Sie aber zugleich eine Reihe von Matadoren. Sie sind, wenn man so sagen darf, exklusives Spitzenmonopol!

Es gibt gar kein Monopol. Das ist eine Erfindung der Journaille. Ein paar Empresarios, oder ein paar Gruppen, sind mächtiger als andere. Das ist so in jedem freien Beruf. Einer hat ein Geschäft und versucht, dieses voranzubringen. Die Plazas kommen ja nicht in unsern Besitz, sie gehören den Ayuntamientos, den Stadtverwaltungen. Alle paar Jahre werden sie, in freiem Wettbewerb, neu ausgeschrieben, versteigert, verpachtet. Dabei kann mitmachen, wer will.

. . . oder der Stärkste? Trotzdem! Ist, was Sie da schön herunterspielen, nicht verantwortlich dafür, daß an den Ferias immer derselbe Stock von Toreros zu sehen bleibt, und daß, wer nicht in Ihrem pool ist, keine Chance hat?

Für das Versagen der sogenannten *toreros modestos* können wir nichts. Im Gegenteil. Ich behaupte, und es ist ein Faktum, historisch belegbar: Nie bekamen diese so viele Gelegenheiten zu kämpfen wie heute. Zum Beweis genügt eine Zeitung von vor 60 Jahren. Da liest man dann: Feria in Sevilla, 8 Corridas – und als Matadoren Gallito, Belmonte, drei, vier mehr. Heute treten in so einer Feria 20–25 Toreros an. Ein paar kommen durch, der Rest nicht. Wie das auch für andere künstlerische Berufe mit Wettbewerb gilt.

Aber es ist doch nicht mehr so, wie es sich gehört. Daß ein Torero sich in jedem Kampf den nächsten verdienen muß. Wer im Januar vierzig Corridas auf sicher hat, eine exclusiva, der schaut doch nur, wie er ohne Verletzung über die Runden kommt, basta.

Nein, nein, es ist genau wie früher. Nicht für die kommende Saison, nur in dieser haben die vier, fünf Toreros, die Spitze sind, ihre Sache einigermaßen auf sicher. Es sind jene, die in den Köpfen der Leute hausen, die man sehen will – also für uns unentbehrlich, egal, wer sie managt. Zu ihnen stoßen immer wieder, und die suchen wir, ein paar neue. Nimm Manzanares: Der hat eine *exclusiva,* die weit über das Normale hinausgeht. Trotzdem funktioniert er nicht, es kostet ihn Mühe; gewiß muß er über seine Bücher und schauen, wo er wirklich steht. Das Problem ist: Im August z. B. gibt es in Spanien überall und jeden Tag Corrida. Da müssen jene Leute, die gefragt sind, ihre Kontrakte früh haben, um sich einteilen zu können. Also wird das fixiert. Ansonsten aber bestimmt die Gangart eines Toreros – der Elan, mit dem er bei seinen Auftritten im Moment läuft – die Verpflichtung ganz klar.

Wenn er sich für ein Gnadenbrot zu den schwierigsten Stieren erpressen läßt, um seine zweitletzte Karte zu spielen!

Toreros sind Künstler. Da regiert die Börse. Picasso, Dalí oder Miró kostet mehr als *Fulano,* Herr Soundso. Die Differenzen sind enorm, das sei zugegeben. Die einen verdienen die Spesen, die andern ihre Kunst.

Die Stiere kommen auf den Hund. Müßte man nicht etwas unternehmen, sie zu schützen? Ohne Stiere kein Chopera, oder?

Das mit den Stieren ist voll Widersprüchen in der Terminologie. Nie war der Stier so nobel wie heute, und tapfer ist er auch. Was er meist nicht mehr ist: *duro,* zäh, unangenehm, bösartig. Sein *genio* etwa in Balance mit seiner Stärke, seiner Kraft. Natürlich muß man schauen, daß kein Bonbon daraus wird. Aber züchten ist unrentabel geworden, da werden die *ganaderos* anfällig. Zeit und Sorgfalt, die auf die Zucht verwendet werden müssen, kann man nicht mehr gerecht bezahlen. Oder die Stiere werden so teuer, daß uns die Zuschauer davonlaufen. Ich denke, der Staat wird den Züchtern unter die Arme greifen müssen, soll das *espectáculo nacional* nicht verschwinden. Samenbänke etwa sind im Gerede. Wenn man die Sympathie schon aufteilen muß – Mann oder Stier –, natürlich bin ich auf seiten des Stiers, denn ohne Toro gibt es keine Fiesta, wäre ich nicht hier.

Als Zugabe das Herz

Er hat einen Kopf mit der lichtvollen Güte Federico Garcías, und er hat ein Bein ab. Doch läuft ihm nur sein Herz davon: Carlos Corbacho, aus La Línea de Concepcíon (Cádiz).

Freudig erregt war die Afición von Sevilla an jenem 29. September, als Julio Aparicio dem jungen Corbacho die Alternativa gab. Der trug viel Hoffnung. Mit siebzig Kämpfen in einem Jahr hatte er sich, durch die *novilladas picadas,* an die Spitze gesetzt.

Am Tag darauf nimmt ihm bei der Feria von Cáceres ein Stier von Manuel Camacho die Eingeweide heraus. Da er, mit der ersten großen Feria des Jahres, in Castellón die nächste Saison in Angriff nimmt, springt ihm ein Degen vom Stier und reißt ihm zwölf Zentimeter aus dem Bein, zerstört die tiefen Gefäße. Die Prognose ist schlecht, und Carlos macht drei Monate an der Wunde. Hinzu kommt eine Wirbelsäulenverletzung, die ihm immer mehr zusetzt. Carlos kommt wenig zum Kämpfen, und da er sich, 1967, entschließt, seinen Rücken zu operieren, geschieht es. In Barcelona, bei den besten Ärzten. Von seiner alten Verwundung war, was bei Toreros etwa vorkommt, eine unsaubere Tasche im Bein verblieben. Eine Spritze in dieses machte die Mikroben wieder mobil: Gasbrand, Gangrän! Am Tag darauf mußte das Bein abgenommen werden.

Für Carlos brach die Welt zusammen. Er schuf sich eine andere. Cuenca, Villarobledo, Belmonte, Cehegin, Tobarra, San Clemente hießen die Kaffs, durch die er sich biß, mit unermüdlicher Afición, diesmal nicht in, sondern hinter den Ruedos, als Empresario. Da war gewiß nichts zu verdienen, aber viel zu arbeiten. Bis er nach Torremolinos, Marbella, Benalmádena kam, Kaffs auch die, aber aus dem Touristenbeton der Costa del Sol. Corbacho kann für sich das Verdienst in Anspruch nehmen, hier nicht wie die Absahner *menús turísticos,* sondern anständige Carteles serviert zu haben, die Einheimische bei der Stange und die Touristen in Bann halten konnten. Carlos hält – wie richtig! – die ausgesprochene Touristencorrida, bei der man den Fremden einmal für immer betrügt, für einen gravierenden Fehler. Inzwischen ist er mit dem Ex-Torero Pepe Luis Román zusammen und kann die Plazas von La Linea, San Roque, Algeciras betreuen: Stiere im Herzen von Baja Andalucia! Er setzt sich durch, als ehrlicher, aufmerksamer, vorausschauender Empresario, der nicht nur die Finger in die Kasse stemmt, sondern etwas tut. Für die Stiere, die rings um ihn weiden. Für die Toreros, denen er in Affektion zugetan ist. Für die Afición, der er sich zuzählt. Und für die Zukunft. Die Zukunft der Fiesta heißt: Jugend – und Carlos tut alles, diese Jugend auf den Geschmack zu bringen. Er nimmt, wenn Stierfest ist, die Kinder herein in seine neue Plaza von La Línea. Er bietet dem Monopol Paroli. Schon hat er seriös einen Novillero aufgebaut, keineswegs den Geringsten: Pedro Castillo, aus Algeciras, dem er ein Vater ist. Die Empresarios müßten endlich einsehen, was für eine Stunde es geschlagen hat, sie müßten etwas tun für den Fortbestand der Fiesta. Corbacho redet nicht in mondänen Zirkeln darum herum: er hält sich daran, handelt.

Leute wie Corbacho müssen die immobilen, verkalkten, verbarrikadierten Potentaten im Emprezarentum ablösen, je eher, je besser. Die Stiere haben ihm ein Bein abgenommen. Carlos Corbacho gibt als Dreingabe das Herz.

Schon liefen meine Ochsen über die Brücke von Triana,

sechs schwarze Stiere inmitten,
am Fenster meine Braut.

Da er dabei umgebracht wird, ist ein Paradox am Platz: Im Kampfstier erhält die Corrida de toros der Menschheit eines der wunderbarsten Tiere der Fauna, das ohne Fiesta brava längst ausgestorben wäre. Der Stier: wild wie ein Tiger, auf kurzer Strecke schneller als ein Rennpferd, stark wie ein Elefant und schön, ja, schön wie ein Opferstier.

Was den Kampfstier ausmacht, ist seine *bravura:* Er greift an, was sich bewegt. Und sieht schlecht, hat keine bevorzugte Farbe; das rote Tuch ist ein Aberglaube. Die ganze Sensibilität seiner Kommunikation, seiner Rezeption liegt in seinen Hörnern, eine Art erweitertes Sinnesorgan, Antennen des Stieres, in denen sein Peilgefühl liegt.

Das Fehlen von Bravura führt zur *mansedumbre:* zahmes Tier. Eine Milchkuh ist *mansa,* der Stier sollte es nicht sein. Äußert sich die Bravura in einer besonderen Frankheit, Spontaneität, kommen die Angriffe geradeaus und wiederholen sich, als ob der Stier aus der Täuschung nicht lernen wollte, nennt man das *nobleza,* Adel. Der Stier hat Adel. Das Gegenteil davon: *sentido, genio,* Eigenschaften, die dem puren Defensivinstinkt entspringen. Ein solcher Toro greift nicht an, wartet, bis er seine Gelegenheit hat und verteidigt sich. Je älter ein Stier wird, desto mehr Sentido entwickelt er. Darum wurde zu allen Zeiten versucht, möglichst junge Stiere in die Arena zu schmuggeln. Wiewohl das Reglement den vierjährigen, also ausgewachsenen Stier im Vollbesitz seiner Fähigkeiten vorschreibt: El Cordobés z.B. hat, zu Zeiten, da er die Fiesta beherrschte, nie einen Stier gesehn. Im besten Fall *utreros,* Dreijährige.

Den Utrero nennt man auch novillo; er kommt an die *novilladas picadas,* bei denen die Stierkampflehrlinge auftreten. Oder an ein Festival, Benefizvorstellung meist. Zwei Jahre zählt der *eral. Añojo* ist der einjährige, *choto* der Monate alte Stier. Chotos, Añojos und Erales sind becerros, Kälber, *becerradas* Novilladas ohne Pferd und Picador.

Seit 1968 muß die Geburt jeden Stierkalbes unter Polizeiaufsicht registriert und beim *herradero* dem Tier der Jahrgang auf die Flanke gebrannt werden. Seit 1972 also

(Im Uhrzeigersinn) In einer richtigen Ganadería – nicht in jenen zerstückelten, verwürfelten Fabrikationsfärmchen, die es auch gibt, tauscht ein Stier seinen letzten Auftritt an ein Leben in einer Freiheit, wie sie Leghennen, Foxterriers oder Safarilöwen nicht beanspruchen können. Etwa acht Monate bleiben die Kälber bei den Kühen, dann kommen sie in eine eigene Herde.

In den Corrales einer Ganadería der zweiten Kategorie zutiefst in Andalusien, Nähe Gibraltar, werden die Añojos vom Züchter selber in unzähligen Anläufen von ihren Müttern getrennt und zum Herradero abgeführt, zum Brennen. Gleichzeitig bekommen sie das der Zucht eigene Señal, das Hauszeichen, ins Ohr geschnitten.

Bei der Tienta prüft man die zweijährigen Kühe mit einer leichten Vara am Roß auf ihre Bravura, testet anschließend ihre Kampffreudigkeit mit dem Tuch. Genügen sie in diesem Examen nicht, kommen sie ins Schlachthaus, sind nicht geeignet, Toros de lidia zu gebären, den Stammbaum aufrecht zu erhalten. Soll die Zucht oben bleiben, muß die Selektion unbarmherzig sein.

Beim Herradero bekommen die Stierchen das Brandzeichen der Ganadería, die Registernummer, unter der sie im Zuchtbuch eingeschrieben sind – und die es erlaubt, ihren weiteren Weg zu verfolgen, auch die letzte Ziffer des Geburtsjahrgangs auf die Flanke gebrannt. Das verhindert nun seit bald zehn Jahren, daß zu junge, nicht ausgewachsene Stiere in einer formalen Corrida auftauchen.

trägt die Vorschrift und *ein* Unfug ist vorbei. Seither kommt kein zu junger Stier mehr in eine formale Corrida. Vom März bis in den Juni läßt man – ein Serail im Freien – die *sementales* oder Zuchtbullen mit den Kühen laufen. Auf dreißig bis fünfzig Kühe ein Semental. Die Kälber kommen denn in den Wintermonaten zur Welt. Nach dem Herradero, in der Regel zwischen acht und zwölf Monaten, werden sie von ihren Müttern getrennt.

Bei der *tienta,* dem Examen, der Probe, werden die zweijährigen Kühe geprüft, ob sie würdig sind, Kampfstiere niederzubringen oder ob sie ins Schlachthaus zu wandern haben. Werden in der *plaza de tientas,* einer kleinen Arena auf der Zucht, einem Berittenen vorgeführt, der sie mit einer Vara im Morrillo prüft. Die Art, wie das Tier angreift, entscheidet über seine Bravura: *codicioso* oder *celoso,* mit Impetus und wiederholt, von sich aus: gut! Unsicher, abwartend, zerstreut: schlecht.

Im Anschluß wird das Tier beim *tentadero* mit der Muleta bekämpft, muß aufzeigen, wie viele *pases* in ihm drin sind. Tentaderos sind für den Züchter strenge, manchmal enttäuschende, in jedem Fall Schicksalstage. Für die hierzu eingeladenen Toreros wie für die antrabenden Maletillas willkommene Trainingsgelegenheiten. Wenn *ilusión* sich breitmacht, sind sie aber auch, wie die Herraderos, bei denen die Jungtiere gebrandmarkt werden, Anlaß zu einer Fiesta campera. Ein gewissenhafter Züchter muß damit rechnen, 60 bis 70 Prozent seiner getesteten Tiere zu einem schlechten Preis ins Schlachthaus wandern zu sehn. Auf einen Stier, den er in die Arena bringt, muß er in seiner Rechnung den Tierbestand verzehnfachen – von den Kälbern über die vier Jahre zu den *vacas de vientre,* den gebärfähigen Kühen und Sementales. Hat ein Züchter in einem Sommer zum Beispiel 5 Corridas zu verkaufen, bedingt das einen Tierbestand von mindestens 300 Stück, eine aufwendige Sache! Nicht eingerechnet Seuchen und Dürrekatastrophen, nicht eingerechnet die Tatsache, daß Stiere auf freier Weide einander umbringen. Miura z. B. rechnet allein hierbei mit einem Ausfall von einem Drittel seiner Tiere.

Wenn ein Ganadero für die Toreros züchtet, für eine *Afición torerista,* also einen Stier will, mit dem man brillieren kann, geht sein Bestreben darauf, unter Erhaltung einer gewissen Bravura einen möglichst noblen Stier herauszubringen. Was er ausschalten muß, ist der *genio, sentido.* Im Extremfall wird sein Stier *suave* sein, sanft, und *docil,* gutmütig, fügsam. Extremfall: Nuñez. Züchtet er umgekehrt für eine Afición, die *torista* ist und im Stier den alleinigen Protagonisten sieht, wird er vor allem die Bravura suchen, die *fiereza,* die Wildheit des Stieres, *casta* und viel *poder,* Stärke. Im Extremfall ist sein Stier *duro,* zäh, widerstandsfähig, aber auch schwierig, und *áspero,* hart, spröd, boshaft. In jedem Fall wird er *sentido* entwickeln. Extremfall: Victorinos.
Die Bravura wird von der Mutter übertragen, während Poder und *trapío,* Stärke und äußere Erscheinung vom Zuchtbullen stammen. Ein guter Trapío, eine gute *lámina,* wie man sagt: Ausgewogene Proportionen. Feines, glattes Fell, glänzend; Der Kopf nicht zu dick, die Stirn aber breit. Beweglicher, fester Hals. Ein starker Nacken, ein starker Morrillo. Anständig gestellte Hörner. Große, lebendige Augen, flinke Ohren. Breite und tiefe Brust. Schwere Kruppe, starkes Hintergestell. Feingliedrige Beine. Kleine Hufe, dünner, langer Schwanz.
Das ist ein gut gewachsener Stier, einer mit *presencia.* Nicht alle Rassen haben den gleichen Skelettbau. Man darf ihnen nicht wahllos Kilos anhängen, um sie groß und eindrücklich zu machen. Viele werden dabei nur fett und schwer, ersticken an ihrer Masse. Es gibt Stiere, die sind lang und hoch, weil so gebaut, andere müssen kurz und wendig sein. Ein Stier ist umso besser, je genauer er in seiner Morphologie im Typ seiner Konstitution bleibt. Eine Selbstverständlichkeit, die von vielen Schreiern in der Arena geflissentlich oder aus Ignoranz mißachtet wird.
Fellfarben und Hornformen, die es durch Kreuzung in allen Kombinationen gibt, kommen aus der Rasse. Daß Stiere schwarz wären, ist ein anderer Irrglaube. Gerade die spektakulären Stiere, die noch Blut von großen alten Rassen tragen, sehen oft ganz anders aus. Ein gewiegter Aficionado weiß, wenn so ein »bunter Stier« daherkommt, welches Merkmal der aus welcher Linie mitbringt. Und da das uniforme schwarze Fell oft Durchschnittsverschnitt bezeugt, wird ein ausgefalleneres stets mit freudigem Hallo begrüßt:

Ensabanado – weißer Stier, als wär er ins Leintuch gelegt
barroso – Stier mit der Farbe von Lehm
perlino – grauweiß
jabonero – als wäre er aus Seife
castaño – wie die Kastanie braun
albahío – vom Weiß ins Gelb
jaro o melocotón – kein Pfirsich ist Pfirsich wie er
azabache – vom samtesten Schwarz
salinero – ein rotes Fell, ins Weiße gesiebt
cárdeno franciscano – mit einer hellen Kutte

berrendo en negro – weiß-schwarz gescheckt
almarado – die Flecken rund
retinto – rötlich, doch Haxen schwarz
lavado – die Farbe blaß

calcetero – mit weißen Beinen
aldinegro – schwarze Schenkel
careto – weiß der Kopf
estrellado – mit einem schwarzen Fleck

lomipardo – ein dunkler Rücken hebt sich ab
rabicano – der Schwanz geziert mit weißen Flecken
gargantillo – der Hals ist hell
ojo de perdiz – das Auge trägt, wie beim Rebhuhn, rote Ringe
Ein Stier mit schwarzen Hörnern – *astinegro*
mächtige Hörner – *cornalón*
mit schlankem Horn – *cornidelgado*
die Hörner abwärts und nach innen – *brocho*
Hörner, die auseinander streben – *corniabierto*
ein Horn, wie's sein muß – *puesto bien.*

Trügerische Idylle: Aus dem Spiel kann mit einem blanker, blutiger Ernst werden. Hierarchie ausringend, bringen Toros einander um, was für den Züchter noch einmal Verlust bedeutet.

In den *dehesas,* den großen Freiluft-Farmen leben die Toros in völliger Freiheit, und es gibt kein Tier, kein domestiziertes, das mit mehr Liebe und Hingabe gehegt würde, das ein besseres Leben führte, als der Kampfstier, ehe der – in die Plaza kommt zu seinem ersten und einzigen Auftritt, in dem er seine Vollendung findet und seine Bestimmung. In Spanien und Portugal gibt es heute um die 260 Ganaderías der ersten Kategorie. (Im Vergleich dazu: etwa 400 Arenen). Zuchten der zweiten Kategorie dürfen nur Becerros und Novillos züchten.

Der Navarrastier, klein, wendig, nervös, den Goya zeichnete, ist im letzten Jahrhundert ausgestorben. Die *casta morucha* aus dem Campo Charro um Salamanca wurde domestiziert zu Ochsen und Fleischkühen. Die letzten der kastilischen Rasse gingen im Bürgerkrieg unter. Alle Stiere, die heute gezüchtet werden, stammen irgendwo in ihrer Linie von Andalusien, und hier, essentiell, von zwei Rassen: Vistahermosa (1775) und Vázquez (1780), beide aus Utrera, bei Sevilla. Die Miuras tragen noch Cabrerablut, Ursprünge von Navarra. Andalusische Stiere werden also auch in der Zona centro, rund um Madrid, im Campo Charro, in Extremadura, in Portugal und in Lateinamerika gezüchtet.

Miura: der Toro als Inbegriff von Aggressivität. Hatte einmal viel Sentido, inzwischen ist er braver. Seine schwarze Legende stammt von den vielen und prominenten Opfern, die er forderte.

Natürlich ist hier kein Platz für Stammbäume, und die Zuchten gehen auf und nieder. Wenn Sie ein Cartel studieren, eine Stierkampfaffiche, sollten Sie den Stieren auf jeden Fall mindestens ebenso großes Gewicht geben wie den Matadoren. Ein paar der Berühmtesten müßten in ihrem Ohr klingen.

Zona Medíodia-Andalusien und Extremadura:
Albaserrada, Benítez Cubero, Bohórquez, Buendía, Conde de la Corte, Cuadri Vides, Domecq (mehrere: Alvaro, Juan Pedro, Marqués de), Guardiola (mehrere), Ibarra, Miura, Murube, Nuñez (mehrere), Osborne (mehrere), Pablo-Romero, Pallarés (der die guten Guardiolas hat), Saltillo, Sampedro, Torrestrella (Alvaro Domecq), Urquíjo, Vázquez Silva, Villamarta etc.

Zona Centro:
Camaligera, Cobaleda, Cortijoliva, El Campillo, Hernández Plá, Baltasar Ibán, Los Guateles, Victorino Martín Andrés, Conde de Mayalde, Prieto de la Cal, Samuel Flores etc.

Zona de Salamanca: Galache, Lamamié de Clairac, Pérez-Tabernero, Antonio Pérez (AP), Lisardo Sánchez, Sánchez Cobaleda etc.

Portugal: Coimbra, Infante de Cámara, Murteira Grave, Pinto Barreiros, Palha, Vinha etc.

Und: O lasset doch Stiere laufen, denn traurig ist, ohne Stierfest, unsere Liebe Frau von Salcedo!

In welcher Ecke Spaniens auch immer sie gezüchtet werden, der Stiere letzter Gang führt ab der Weide via Viehboxe per Camion, oft über tausend Kilometer, zur Plaza, in deren Corrales sie sich von den beengenden Strapazen des Transportes wieder erholen, ehe sie ausgelost und vor dem Kampf isoliert werden.

Zum Cristo del Gran Poder will ich flehn, daß die Stiere nicht umfallen.

Der Stierkampf-Kritiker Rafael Moreno legt den Finger in die Wunde

Sevilla, Rafael, da sind wir uns einig. Sevilla und seine Feria de abril waren einmal sakrosankt: das Höchste. Jubel und alegría, jene genußvolle Freude, die hier eine Qualität erhält wie nirgendwo. Seit unter den Monopolisten der Schwerste aus dem fernen Barcelona über den Strohmann Canorea die Maestranza beherrscht und sie so indifferent ausbeutet wie den Rest seines Imperiums, rücken die Stierkampf-Debakel, von denen wir heute ein rechtes sahen, langsam an die Tagesordnung. Was empfindet ein Sevillaner dabei, wie soll das weitergehn?

Palomo Linares, ein Torero mit Ehrgefühl, ging ohne eine einzige *vuelta* aus Sevilla; Paquirri, ein Triumphator, dem kein Einsatz zu hoch ist, wenn er in die Maestranza kommt, und Tomás Campuzano, der Junge von hier, der einen Durchbruch sucht, alles auf eine Karte setzen würde, wenn es nur ginge ... Aber es konnte nicht gehen, diese Corrida kann keine Geschichte haben – wegen der Stiere. Wir müssen uns überlegen, wohin das noch führen soll. Wenn die *suerte de varas* so herunterkommt wie heute hier, dann gehn wir zu den Stieren und sehn ein paar Toreros ein paar Faxen machen. Wir sind mindestens um die Hälfte betrogen. Heute bekamen wir keine Stiere – oder: wir bekamen die Stiere *nicht* zu sehen. Das Pica-Drittel eine Vortäuschung, ein rechter Betrug. Ein kennerisches Publikum wie jenes von Sevilla hat sich schwer geirrt, indem es die *alegría* von Toros, die an das Pferd sollten, mit einer *möglichen bravura* verwechselte. *Bravura* mißt man daran, wie ein Stier reagiert, wenn er mit der *pica* behandelt wird.

Der Stier ist schlecht, der Picador nicht besser, am schlimmsten das Publikum. Mag die Szene auch nicht gerade selten, die Verlockung noch so groß sein: Ein Sitzkissen vor Beendigung des Kampfes in den Ruedo zu werfen, ist nicht nur fahrlässig, es kann schon an Totschlag grenzen. Manche schwere Verwundung ist von Toreros geholt worden, die, bei der Hektik des Geschehens, über solche Dinger stolperten, dem Stier vor die Nüstern. Wer das verantworten will, bleibt besser zuhause, gehört nicht in eine Plaza.

Was geschieht heutzutage mit dem Kampfstier?

Ein Haufen *ganaderos* züchten Stiere nur noch in Funktion auf einen einzigen Faktor: *bondad*, Gutmütigkeit – *dulzura*, Sanftmut. Diese Stiere haben nicht die geringste Kraft, keine Widerstandsfähigkeit. Wenn ein Stier mit diesem Temperament Kraft haben könnte, ja das wäre ein Stierchen, möchten uns *aficionados* vielleicht vorschwärmen! Das ist kein Trost, ist etwa wie ein Vater, der sagt: Mein Sohn ist so begabt, was würde aus dem erst, wäre er auch noch fleißig! In jene Richtung weitergezüchtet, die den Toreros gefällt oder was weiß ich (und das Verlangen danach ist in *Sevilla torerista* natürlich besonders groß), geht der Kampfstier unter. Und wir verkehren die Corrida in eine authentische Pantomime. Ein circulus vitiosus. Ich beklage aufrichtig, daß man heute einem Picador applaudierte, der seine Arbeit *nicht* tat. Und ich bedaure, daß die *taurinos* von Sevilla es zulassen, daß man Stiere hierherholt, die allenorten versagen. So sind klägliche Schauspiele vorhersehbar, man kann sie sich ersparen.

Wo liegt das besondere Problem dieser Stiere, warum taugen sie nichts?

Niemand soll uns sagen, solche Stiere zerbrechen an der *pica*. Die zerbrechen nicht am Pferd, noch am *peto*, sie zerbrechen an sich selbst. Solche Stiere haben keine *casta*, keine *raza*. Jeder *genio* ist ihnen weggezüchtet: So verlieren sie den Rest an *bravura*. Die *raza* kann eine gute oder schlechte sein, aber ein Stier ohne *casta,* das geht nicht. Der fällt um, in sich zusammen. Er kommt so heraus, wie er heute in die Maestranza gekommen ist. Und dem müssen wir vorbeugen, müssen mit aller Dringlichkeit eine Lösung suchen. Sonst verschwindet, was wir Corrida nennen. Wir können dann ins Marionettenspiel gehen. Ich weigere mich, ein kritisches Urteil über solche Stiere abzugeben, denn ihnen fehlen die Elemente, die ein vernünftiges kritisches Urteil erst erlauben.

Die erste Corrida, eine fünfjährige, hatte Victorino Martín Andrés 1968 der Empresa von Madrid, das Fleisch dem Roten Kreuz geschenkt und seine *andanada,* nicht gerade ein Logenplatz, mit 1000 Peseten selber bezahlt. Inzwischen dominieren seine Stiere Monumental und Afición der Hauptstadt. Der Bauer Victorino war mit den furchterregenden – manche sagen: fürchterlichen – Stieren über die Dörfer auf den Plan gekommen. Was er da, anfangs der sechziger Jahre zusammenkaufte, war zwar Santacoloma, aber auch Saltillo-Blut, und es lag, ehe er zu selektionieren anfing, am Boden. Albaserrada, nicht unbedingt Wunderstiere, wenn auch der eine oder andere in die Geschichte ging, wie der erstaunliche »Barrenero«, der an einem Nachmittag im Mai 1919 in Madrid sehr tapfer war und dem potenten Rodolfo Gaona in die Corrales zurücklief.

Unter den Verwandten und Erben des Herzogs kam das Eisen *(hierro)* so weit herunter, daß Victorino es – Neider sagen: für ein Taschengeld – ergattern konnte. Auf zwei *fincas* bei Coira (Cáceres, Extremadura) werden seine Stiere vier Jahre alt, ehe er sie, um näher am Puls zu sein, nach Galapagar, beim Escorial, disloziert.

Heute sind die Victorinos die höchstbezahlten (ihr Züchter bekommt das Drei-, Vier-, Fünffache seiner Kollegen), höchstgelobten und meistverfluchten Stiere der Welt. Die Kritiker jubeln und die Matadore stöhnen. Dabei geben diese Toros nicht die geringste Garantie, daß sie anbeißen; manche brechen ein, sind *flojos de remos,* viele haben viel *sentido* und ihr mausgraues Kleid, *cárdeno,* macht sie nicht schöner.

Es sind Stiere von früher. Und sie geben Emotion. Die große Emotion des mächtigen Stieres mit den Rasiermessern von Hörnern. Eine Feile bekommen die nie zu sehen.

Victorino rasiert, was ansonsten Brauch ist, nicht einmal die Kühe. Und bringt diese erst mit drei Jahren an die Tienta. Seine Überlegung: Kein Matador wird die Bravura von Kühen mit solchen Hörnern und dem *sentido* der drei Jahre verdecken, verwischen können. Eine Kuh, die diese Probe besteht, hat Anlagen.

Und Victorino denunziert, womit er sich unter Berufsleu-

ten wenig Freunde macht, offen das Afeitado. Mehr Stiere denn je werden heute rasiert, rief er 1977 in Bilbao aus. Victorino Martín ist nicht in Gefahr, ein Helfershelfer bequemer Matadore zu sein. Er züchtet fürs Publikum. Der Stier ist der erste Protagonist der Fiesta. Eine Optik, die sich heute wieder durchsetzen muß, soll die Corrida überleben. Was er mit seiner Selektion sucht und findet: *casta*. Vitalität, wie sie den großen alten Rassen eigen war. Ob diese dann eine gute oder schlechte sei, ist für ihn sekundär. Erst einmal muß sie her. Wenn ein Stier *casta* hat, ist er auch als *manso* für den Zuschauer noch interessant.

Eines haben seine Stiere immer, und zwar sehr erhebend: Trapío. Und oft gehen sie mit *alegría* ans Pferd. Oft nehmen sie mehr Picas als vorgeschrieben. Victorinos Stiere machen den *tercio de varas* wieder zu dem, was er war, ehe er zur Pantomime verkam.

Abwartend und hinterlistig sind sie auch, die Victorinos. Schwierig und unbequem. Und sie suchen den Torero. Wer nicht viel Handwerk hat, viel Berufserfahrung, viel Instinkt und Mut, der hat vor diesen Stieren nichts zu suchen. Andrés Vazquez, Miguel Márquez, Paco Ruiz Miguel schafften es und triumphierten mit diesen Stieren, die den Mann suchen.

Einer fand den Ganadero. Hospiciano, ein Semental, der sich, von einem andern verwundet, davon schleppte. Victorino wollte sich vergewissern. Neun Cornadas bekam er, ehe er sich in den Fluß werfen konnte; zwei davon zerrissen ihm Niere und Brustfell. Wenig fehlte, und das faszinierendste Abenteuer in der modernen Geschichte der Ganaderías hätte gar nicht erst begonnen. Denn in die Geschichte eingehn wird Victorino Martín als ein Züchter, der sich in korrupten Zeiten von Empresarios und Matadoren freizumachen vermochte, als einer, der dem Stier seine Würde zurückgab. Zu einer Zeit, da sogar die Miuras an Rasse und Stärke einbüßten, braver, ihre Ohren billiger wurden.

Macht er auch keine noblen Stiere, so macht er doch wieder Stiere. Ich denke: Auch wenn er perfekt auf der Orgel der public relations spielt, Victorino Martín ist ein lauterer Mann. Was er jetzt erntet, hat er sich verdient. Mit einer Zucht, die weiterhin eine Ganadería bleiben, nicht Fabrik werden will.

Seine Stiere kommen nur im Norden an und in Madrid, das mittlerweile hoffnungslos *torista* ist?

Der Tag naht, an dem Victorino nach Sevilla geht, das sich ihm hochnäsig versperrt. Und die Eintrittspreise werden steigen, denn bis dahin wird Victorino für die Andalusier ein Luxus sein, den sie sich kaum leisten können.

Der gute Stierkampf ist alter Wein.

Man muß ihn langsam und mit Gaumen trinken.

Corrida de toros, kein Sport. Kein Wettkampf zwischen Mann und Stier. Corrida, eine Tragödie, die für den Mann Gefahr bringt, Todesgefahr, dem Stier aber den sicheren Tod. Der Tod des Mannes ist ein Unfall. Er hängt virtuell in den Hörnern des Stiers, das genügt.
Auch wenn, nach drei Avisos, der Toro lebend aus der Arena gelangt, über die Corrales hinaus kommt er nicht. Er muß sterben. Es gibt keinen zweiten Auftritt.
Wird ein Stier aber begnadigt, weil das Publikum es so wollte (was selten vorkommt), darf er an Altersschwäche eingehn. Niemand wird Hand an ihn legen.
Corrida, ein Schauspiel erstens, in dem richtig getötet und richtig gestorben wird.
Corrida, ein Schauspiel zweitens, in dem sich der Mensch für Augenblicke über den eigenen Tod erhebt.
Corrida, ein Schauspiel drittens, in dem der Mensch jene Zeit, die seine Sterblichkeit mißt und bedeutet, in magischen Momenten aufhebt und überwindet.
Schauspiel, Ritual, Mysterium, Magie, Kunst: große Worte für das bißchen Fiesta, für ein bißchen Emotion. Doch die große Emotion ist das Endprodukt aller Kunst, auch der mit kleinen Worten.

Ein Torero muß verrückt sein. Und Künstler.
Ein verrückter Künstler muß er sein.
Ach, könnt ich vergessen, was Stiere für Hörner haben, von Cádiz nach Sevilla gäb's keinen Torero wie mich, singt das Flamencoliedchen.
Den Kopf behalten, wenn die Hörner kommen, das ist's.
Ein Matador hat den Tod im Kopf, Tag und Nacht.
Was sein Beruf ist. Dafür wird er bezahlt. Und so wird er bezahlt:
Dann und wann wie ein Scheich, der einen Vertrag abschließt. Manchmal wie ein guter Arzt, der feine Patienten hat. Manchmal wie ein besserer Buchhalter. Und oft so, daß er, nachdem die Cuadrilla berappt und die Spesen abgezogen sind, seine Familie nicht zum Nachtessen ausführen kann.
Ein Torero muß ledig sein, verliebt und nicht genug haben, sich Tabak zu kaufen. Belmonte mußte es wissen.
Torero ist ein schwieriger Beruf. Weil Stiere aufmachen

immer schwierig ist. Weil Stiere schwer zu begreifen sind. Weil von Stieren nur Kühe etwas verstehen – und auch die nicht alle. Papa negro, Manuel Mejías Rapela, Bienvenida III mußte es wissen.
Matador sein ist schwierig, weil es ohne Poesie kein Toreo gibt. Doch wann stellt sich die ein, die Poesie? Wenn ein Torero ein Mysterium in sich trägt und dieses auch zum Ausdruck bringt. Rafael el Gallo mußte es wissen.
Das ist die Rechnung ohne den Bullen gemacht!
Wer nicht will, daß der Stier ihn erwischt, soll Bischof werden. Fernando el Gallo mußte es wissen.
Er zählte vor allem auf seine Söhne.
Den einen, den Größten von allen, der es mit jedem Stier aufnahm, der auf den Stieren spielte wie auf Gitarren, Joselito, von dem man meinte, er sei für Stierhörner unerreichbar, von dem man sagte, bei seinem Stierwissen müsse eine Kuh ihn geboren haben, Joselito war am 16. Mai 1920 in Talavera de la Reina dran.

16. Mai, Tag, an dem noch heute in Spaniens Arenen die Toreros den Ruedo mit gesenkter Montera betreten. Toreros machen die verrücktesten Dinge der Welt. Als Pepe Hillo mit dem Stier einen einzigen vorbereitenden Pase machte, zum Kreuzen statt der Muleta einen Sombrero griff, nahm Pedro Romero den Kamm aus seinem Haarnetz und ging ohne zu kreuzen hinein. Antonio José Galán steht denn mit seiner spektakulären Suerte in einer prominenten Tradition.
Galán fliegt zehnmal im Jahr über den großen Teich, aber viele mutige Toreros haben angst vorm Fliegen, andere getrauten sich nicht einmal per Schiff hinüber nach América, ins Land der kleinen Stiere. Der mächtige Gaona aus Mexiko fürchtete sich vor Eidechsen, Belmonte vor den Fledermäusen.
Das ist ja recht anekdotisch, doch wie steht es um das Mysterium in den Toreros, woher kommt es?
Ein guter Stierkämpfer, der *hondura* hat, er wird durch Meditation. Seneca stammte nicht umsonst aus Cordo-

ba. Sein Stoizismus wirkt nach, in Lagartijo, in Guerrita, in Machaquito, in Manolete.

In der Sprache der Phänomenologie müßte das besagen, Toreo sei der Vorsatz, vor dem Stier nichts zu tun und diesen Willen zum Sein erstarren zu lassen. Mehr Seneca geht nicht mehr.

Wir wären denn bei José Bergamín, der Sinn für solches hatte, oder bei Don Tancredo, der sich, um Luft zu sein, weiß kleidete, weiß schminkte, auf ein Taschentuch stand, auf einen Stuhl saß, sich nicht rührte und den Stier kommen ließ. Die Parodie schon, aber: faut le faire!

Oder bei Don Quijote himself. Nicht bei einem erfundenen. Don Quijote war ein großer Gemütsbeweger und er bewegte allem voran sein eigenes.

Toreo ist Gemütsbewegung, ist *sentimiento,* ist eine Geistes-, ist eine Haltung der Seele.

Schlüsselwort: *hon-du-ra.* Mit Tiefe nicht hinreichend übersetzt.

Man muß Spanisch lernen, um das zu spüren, um zu wissen. Um von diesem Wind gestillt zu werden. Von einem Wind, der einhält. Doch vor den Seelenzustand setzen die Stiere die *lidia,* den Kampf.

Toreo machen heißt, vom Angriff des Stiers profitierend ihn dahinlenken, wo er nicht hin will. Heißt, seine Kraft brechen, seinen Verteidigungsinstinkt dominieren und im gleichen Moment Schönheit erzeugen. Heißt, aus Erfahrungen, die ans Lebendige gehen, sich einen doppelten Mut aufbauen: den einen, der aus dem Stierwissen und jenen anderen, der aus dem Kunstverstand kommt. Der gute Geschmack, der eigene Stil, die Persönlichkeit: Basen für die Inspiration. Die, wenn der magische Kreis sich schließt, herunterholt, wozu all die Opfer gut sind: *duende!*

Zigeuner haben mehr *duende* als andere. Es geschieht, daß ein Engel sich neben sie stellt und an ihrer Statt die Muleta führt. Zigeuner haben *ángel,* dann und wann. Zigeuner sind darum auch häufiger schlecht als andere.

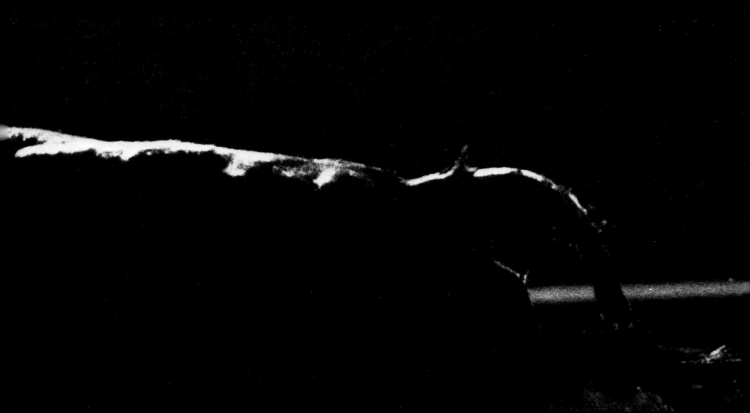

Wenn weit und breit kein Engel steht, sind Zigeuner immer schlecht. Dann sind sie die leere Mater, in die kein Guß will.
Das mag eher Flamenco sein denn Stierkampf, *cante hondo* mit seinen Launen, Explosionen und Absenzen. Stierkampf und Cante hondo gehören zusammen.
Für den Nichtspanier ein nostalgischer Prunk das Ganze?
Oder eine mystische Einübung in die Welt der Sinnlichkeit, die mit ihren starken Emotionen allein uns noch erlaubt, eine seelenlose, entleerte, entstellte Welt nicht nur als Negativform zu erleben.
Die bösen braven linken Frauen, die befreien und bewegen, was ihr Zeug hält, werden aufschreien!
Die braven bösen linken Frauen, die befreien und bewegen, schreien mir auch sonst zuviel, zu schrill. Und das Zeug, das sie halten, ist nicht mein Zeug.
Sie werden dir den ganzen *spleen* vom Toreo, mit Fest und Sex und Tod und Toro, in irgendeine ihrer originellen faschistischen Ecken drängen.
Dann ist gegen den Comic strip ihrer Ignoranz kein Kraut gewachsen, wörtlich.
Toreo ist, an sich, so faschistisch wie Fußballspielen, könnte ich sagen, wenn ich dann noch wollte, oder wie Steine meißeln, oder, um den frommen bösen Frauen das Verständnis zu erleichtern: wie Plakate kleben. Oder Leserbriefschreiben. Oder Barrikadensteigen.
Man könnte selbstverständlich auf Goyas Toros de Burdeos hinweisen, wenn das nicht zuviel verlangt wäre, oder auf Picassos Tauromachie, auf Rafael Albertis Stiergedichte, auf die von Pablo Neruda, auf Miguel Hernández oder auf Federíco García Lorca, auf René Char oder, von mir aus, auf irgendeinen anderen »Vollfaschisten« wie Francesco Rosi, der den einzigen brauchbaren Film über die Corrida gemacht hat. Man könnte, wenn man überhaupt wollte und es einem nicht zuviel würde.
Oder darauf, daß am Ende der Tod überhaupt etwas Faschistisches habe – und daß man, wie die Welt, samt braven linken Frauen, ausschaue, eh zufrieden wäre, wenn danach etwas Nachfaschistisches käme, oder oder.

Wo holen denn die guten Stierkämpfer, die nicht Flamenco machen, ihre Intuition her?
Aus dem Wissen. Wissen erst gibt Sicherheit. So wie Luis Miguel Dominguín alles gewußt hat.
Wenn das auch nicht genügt, ist es natürlich besser als die Reinfälle mit den Künstlerphänomenen, die zehn Mal versagen, während sie auf den Stier warten, der es ihnen ermöglicht, ihr unvergleichliches Aroma zu entfalten.
Ich würde das Sichere nehmen!
Worüber man sich streiten kann, darauf soll man sich nicht einigen.
Einigen wir uns auf dieses: *temple* macht alles. Ohne Temple keine Begnadung.
Was ist es denn genau?
Die vollkommene Übereinstimmung der Bewegung von Stier und Tuch.
Das Verharren im Augenblick der Kadenz.
Dem Stier Brisanz wegnehmen oder solche aus dessen Stumpfheit herausziehen.
Und was bewirkt es?
Wenn eine Figur Temple hat, meinst du, sie dauert eine Ewigkeit. Temple gibt dem Toreo die Tiefe. Und Temple ist magisch. Wie der *drive* im Jazz. Nur daß es in die entgegengesetzte Richtung wirkt. Statt daß sich, wie beim Drive, das Tempo unmerklich, doch stetig verschärft, muß dieses sich im Temple unmerklich, doch stetig verlangsamen.
Kann man das nicht illustrieren?
Man muß es gesehen, gespürt haben.
Corrochano, ein guter Kritiker, sagte von einer guten Capa, jener von Antonio Márquez: sie gehe als Wirbelsturm in den Stier und komme als Brise heraus; sie gehe als Löwe hinein und komme als Lamm heraus; sie gehe verrückt hinein und komme geläutert heraus.
Ich aber gehe lauter hinein und möchte verrückt herauskommen!
Dann kannst du dich an die guten Toreros halten.
Verrückte Künstler sind das.
Vergessen, daß Stiere Hörner haben.
Hörner, die töten wollen.

Toreo ist die vierte Dimension, amigo!

Juanito Barranco Posada, väterlicher wie mütterlicherseits aus Stierkämpferfamilie, in Sevilla geboren, aufgewachsen in Huelva, kämpfte in den fünfziger Jahren, als große Hoffnung, mit Anmut, Stil, Tiefe: mit *sentimiento*. Er hätte einer der Protagonisten werden müssen, doch fehlte ihm Beherztheit, fehlte ihm der *punch*, um sich ganz durchzusetzen. So wurde aus ihm, nachdem er sich aus den Arenen zurückgezogen und eine Journalistenschule besucht hatte, einer der wenigen Kritiker, auf deren Urteil man, unter Abzug seiner Vorliebe für *toreros artistas*, bauen kann. Die Corrida, über die Juan Posada berichtet, und jene, die Sie gesehen haben, sind dieselbe, was beileibe nicht bei allen Chronisten der Fall ist. Posada tut, wenn er von Stieren redet, sein Herz auf; wer weiß, ob er es nicht noch einmal in die Hand nimmt und im Sog der modischen *reapariciones* von alten Herren in den *ruedo* zurückkehrt.

Juanito, ist die Corrida noch das Fest des Volkes, die fiesta popular?

Man hat sie dem Volk schon lange genommen. Dabei: Was eine Corrida zum Fest macht, sind die Leute, die im *sol* sitzen, an der Sonne, sie allein. Die im Schatten sind, gehen zur Corrida, wie sie an ein Pferderennen gehen könnten. Der Sonntagnachmittag, an dem man sich zeigt, gesehen werden will.

Machen die Monopolios alles kaputt?

Die Monopolisten agieren hier wie andere Industrielle auch. Es sind Unternehmer, und sie haben kein Herz, noch haben sie *afición*, noch gefällt ihnen, was sie machen. Gigantische Zirkusunternehmer, die sich der Fiesta bedienen, um Geld zu verdienen, nicht mehr. Wen immer sie reißen können, dem reißen sie die Eingeweide heraus. Sind sie – und das ist für die Fiesta das Verhängnis – gleichzeitig *apoderados* von Stierkämpfern, dann sind sie ganz einfach Gangsterbosse. Ein paar *gangs* weiden das Ganze ab, machen es untereinander aus, jagen einander Plazas und Toreros ab, gewiß nicht zum besten der Fiesta.

Wobei man nicht sagen könnte, die professionelle Kritik griffe korrigierend ein!

Die Kritiker heute? Viele von ihnen sind zwar ehrenhaft, aber nicht anständig. Sie nehmen kein Geld mehr, aber sie nehmen Partei. Das ist nicht sehr anständig für jemanden, der objektiv berichten sollte. Man muß wissen, daß die Stierkampfpresse nicht von ausgebildeten Berufsleuten gemacht wird. Die da schreiben, haben kein Studium, keine Vorbereitung, nichts. Sie dienen sich Interessen an. Ihr Erstes ist die Servilität, das Zweite der Hochmut, das Dritte die Eitelkeit. Sie wollen mehr scheinen, als sie sind. Die meisten wissen nichts von Stieren, und wer etwas weiß, will nichts davon wissen. Sie möchten Protagonisten sein in einem Spiel, in dem es nur drei Protagonisten gibt: Stier, Torero, Publikum. Der Rest zählt nicht. Die Kritiker möchten über ihren Job zu Arbeitsmöglichkeiten kommen, die mit ihrem Beruf nichts zu tun haben. Remedur wird hier schwer sein, denn die Lüge grassiert überall, auf der ganzen Welt.

Das erinnert mich an den, dessen Name mir immer entfällt.

Ach, der redet zuviel. Das kannst du vergessen, ist ja abqualifiziert als journalistische Effekthascherei, Schaumschlägerei, *tremendismo*. Der, den du meinst, konnte nicht Torero werden; jetzt möchte er andere daran hindern und sich für seine *amiguetes*, die Busenfreunde stark machen. Doch heute lesen die Leute mit der Lupe. Sie sind es leid, hinters Licht geführt, genasführt zu werden.

Was vermag die Kritik eigentlich?

Ha, gegen die Magie des Toreo kann weder Gott etwas noch der, dessen Name dir entfällt. Wenn ein Stier und ein Mann sich in den magischen Kreis stellen, zu tanzen anfangen, entführen sie uns in die vierte Dimension, amigo. Dann fliegen die Taschentücher, ob man will oder nicht. Das ist die Macht des Toreo. Schade, daß es nur sporadisch geschehen kann. Daß es vorbeigeht, dieses Wunder. Aber gerade die Tatsache, daß sie im Geist bleibt, macht für mich die große Kraft der Fiesta.

Wo kommt der genius loci dem Wirken dieser Kraft am stärksten entgegen?

Die authentischste *afición* wächst um Jerez, Sanlucar, Puerto de Santa Maria, Sevilla. Toreo hat zutiefst mit der Volksseele, mit dem Genius Andalusiens zu tun. Auch wenn es nichts gemein hat mit *cante jondo*, jedenfalls nicht mit dem, was sich heute für Flamenco ausgibt.

Toreo hat für mich sehr viel mit cante jondo zu tun: Es sind zwei Ausdrucksformen des selben Lebensgefühls. Wenn ich an Federico García Lorca, an Machado, an Alberti denke, an alles, was hondura und Grazie, Salz und Kalk und Wind und Blut in einem hat . . .

O ja, so schon, amigo. Dann ist es nichts weniger als die Manifestation eines Volkes mit einem starken und tiefen tragischen Lebensgefühl. Andalusien singt, möchte man meinen. Ist, vordergründig, sehr fröhlich, ausgelassen. Aber innen weint es immer. Wir Andalusier laufen dem Tod davon. Er macht uns angst. Wir glauben nicht ans Jenseits, oder sehr heidnisch. Die *alegría*, die wir überallhin verschleudern, sie dient nur dem Bau der hohen Mauer, die wir zwischen uns und jener großen Einsamkeit errichten, die uns erwartet. Vor dem Tod sind wir Fetischisten. Darum werden wir Torero, singen und tanzen. Darum müssen wir von der Angst reden.

Toreo und Angst, sind das nicht zwei Paar Schuhe?

Ohne Angst kein Toreo. Ohne Angst ist es unmöglich. Mit Mut kann man vielleicht Trapezkünstler werden, im Krieg Gewehre abschießen. Kunst machen kann man nicht mit Mut als Basis. Die Angst ist fürs Toreo etwas Elementares, wie für alle Kunst, für jeden Künstler. Wenn der nicht *vor, während und nach* der Inspiriertheit Angst hat, ist er keiner. Angst ist, was zur Kunst treibt, das steht für mich fest. Kunst entsteht in dem Moment, wo du die Angst, die Scham und das Gefühl der Verantwortung überwindest. Man kann das nicht immer tun, nicht jeden Tag, man stürbe daran.

Ist das, für einen Matador, nicht ein sehr hoher Anspruch?

Darum ist Toreo nichts als: Details, *flashes*. Technik, das ist etwas anderes. Das kenne ich schon gar nicht, denn es ändert mit jedem Stier, mit jedem Tag, mit jedem Moment. In der Corrida befiehlt der Stier. Du mußt, als vernunftbegabtes Wesen, den irrationalen Antrieb des Tieres in etwas Rationales verkehren und dieses vermittels einer Technik in eine Kunst überführen. Wenn das nicht geschieht, ist es Lüge. Vielleicht begreifst du nun, daß mir nur wenige Matadore gefallen. Von denen, die jetzt über den Sand der Arenen gehen, keiner. Details schon, *flashes*, viele. Toreo ist so fragil. Mit einer einzigen Brüskheit kann alles auseinanderfallen. Wenn man den Stier dominiert, muß man die Technik vergessen, und von da weg kann es, in der Inspiration, zur totalen Durchdringung von Mensch und Tier kommen. Die Supertechniker unter den Toreros sind langweilig.

Dann muß Rafael de Paula dein Mann sein?

Paula wird langsam aber sicher ein monotoner Torero, weil er Mut an den Tag zu legen beginnt. Er ist kein mutiger Matador, und er sollte nicht versuchen, einer zu werden. Er ist ein Torero der Funken, der begnadeten Momente, der Inspiration. So sehe ich das, vielleicht nicht das Publikum der Plaza. Was heißt denn kreieren? Das heißt, aus dem Nichts etwas schaffen. Etwas fabrizieren können viele, aber kreieren, das kann nur Gott oder ein Künstler. Heute gibt es keinen Künstler im Toreo. Es gibt

Funken, Momente. Für mich entsteht diese Kunst nur in und um Sevilla. Zwischen dem Publikum von Sevilla und jenem in Madrid liegen Abgründe. In Madrid wollen sie die Kathedra sein – aber das sind 20 000 Staatsanwälte. Sehen sich immer in der Rolle des Anklägers, vergeben nichts und nie, und sie können kaum belohnen. Wenn sie dem Präsidenten zurufen: Wir sind hier nicht in Sevilla! beweisen sie ihre Minderwertigkeitsgefühle. In Sevilla ist man nicht Ankläger, sondern Richter, man durchschaut den Prozeß, sieht die Dinge von innen, und dem Verteidiger ist es ein Angenehmes, hier zu plädieren.

Wie bringt der Matador Schein und Sein in Einklang, wie kommt er zu sich selber?

Anfänglich war das Toreo für mich die Möglichkeit, etwas zu werden, jemand zu sein. Als ich dabei war, ging es darum, einen Status zu halten. Nun, da ich weg vom *ruedo* bin, ist es ein Mittel, zu mir selbst zu kommen. Wenn ich, in Festivals, auf dem Campo, ôles! zu mir sage, lebe ich und kann das jetzt in seiner ganzen Reinheit sehen. Nur als Torero fühle ich, nur so spüre ich mich. Vorher war das anders, da war ich konditioniert: weil auf dem Weg. Nun bin ich mein Publikum, mein Degenbewahrer, mein Banderillero, mein Empresario, bin alles – und mich. Diese Kunst ist so subtil, schwer und gefährlich. Im Kampf gegen ein Tier mit dem Tötungsinstinkt des Toro in Sekundenbruchteilen die Dinge gut machen, etwas kreieren: da brauchst du alogische Reaktionen.

Das muß ich mir erst überlegen, fahre mit mir noch weiter ab!

Nimm die Inspiration, die auf einer Technik baut, so daß sich die beiden durchdringen. Viele Matadore haben eine Technik und wissen gar nicht darum. Das sind die, welche einen Stier an der Kadenz seines Galopps erkennen, wenn er über den Sand kommt. Beim Toreo vergnügt man sich nicht, man leidet. Die Quintessenz: sich in einen Genuß verwandeln, *un goce,* was etwas anderes ist als Vergnügen. Etwas Sensuell-Sexuelles. Der Torero, ein Priester, der einen Ritus vollbringt von etwas, das ihn wegträgt, etwas vom Etwas von Irgendetwas – er kann, im Genuß und im Leiden vor dem Stier, Gott treffen oder jene große Kraft, die uns hierhält. Andere Künstler müssen dasselbe durchmachen, denke ich.

Gehört das Toreo etwa nur darum nicht zu den Schönen Künsten, weil es nicht universell ist, nicht auf der ganzen Welt ausgeübt wird?

Und weil es nicht dauern, weil es nur in inspirierten Augenblicken geschehen kann. Der Torero, der in der Arena über sich hinauswächst, erleidet eine Erschöpfung, die das Publikum als physisch einstuft, aber sie ist moralischer, psychischer Natur. Der menschliche Geist ermüdet, erschöpft sich, löst sich auf, wenn seine Sensibilität sich in etwas Konkretes, Materielles umsetzt. Toreo ist anstrengend, kann darum nie hübsch, aber immer schön sein. Es ist Kommunion-Kommunikation; diese aufrechtzuhalten, kostet Substanz.

Für manche meiner Freunde, die nie eine Corrida gesehen haben, ist alles, was damit zu tun hat, im voraus rechts, politisch meine ich.

Ein feierlicher Quatsch! Es gibt im Toreo eine Rechte, die ist zum Töten da. Und eine Linke, mit der schafft man den schönsten *pase,* den es in der Corrida gibt, den *natural.* Wenn einer das Toreo spürt und ein wirklicher Torero ist, verwandelt er sich ein wenig in den Stier, und er hat das Verdienst, den Stier ein bißchen in einen Menschen zu verwandeln. In diesem kompakten Eins-und-Ganzen, das eine Übertragung von Intuitionen ist, werden die beiden fähig, etwas zu erschaffen, was das Publikum hineinzieht in den magischen Kreis; die Plaza ist rund und der *ruedo* ist rund, und wenn das Publikum mit hineinkommt, wandeln sich diese konzentrischen Kreise in jene vierte Dimension, die wir immer und überall suchen, und da ist nicht Rechts und nicht Links, etwas berührt uns, führt uns weg, flüchtig, aber sehr stark, nicht rechts noch links, mitten hindurch geht das, mitten hinein. Ein Seelenzustand: das ist Toreo.

Ein Stierkampf-ABC

nur leicht angetippt.

Afeitado: eufemistisch *arreglar,* arrangieren der Hörner: das Rasieren des Stieres. Die Hornspitzen werden abgesägt, mit der Feile zurechtgestutzt, abgerundet, der Eingriff vertuscht. In jedem Fall gegen das Reglement, das für die formale Corrida intakte Hörner verlangt. Solche, die nicht verkürzt, gekappt, gefeilt oder anderen betrügerischen Manipulationen ausgesetzt wurden. Auch schwere Strafen sind, im Wiederholungsfall, vorgesehen. Aber – cosa de toros! Verhängung wie Wirkung sind gleichermaßen zweifelhaft. Die Reglementierung der Fiesta Brava untersteht dem Departement des Innern. Der Staat müßte hier – auch wenn er, bei seiner Instabilität und bei einer Demokratie, die sich schwer tut, andere Sorgen hat – intransigent bleiben. Das Rasieren der Stiere kostet die Corrida am meisten Aficionados. Es bevorzugt ganz ungerecht die Stars, die es sich leisten und erlauben, und es verdammt die Modesten, die Lauteren, sich vor den Rest aller Hörner stellen zu müssen. Es macht den Stier, man kann es nicht anders sagen: invalid, da er für Tage sein Peilgefühl verliert und ungenau – die Toreros hoffen: zu kurz – stößt. Es traumatisiert den Toro, da der, geschockt, nicht im Vollbesitz seiner Kräfte ist. Das Rasieren nimmt dem Toreo seine Würde, sein Ethos, da es den Stier verhunzt.

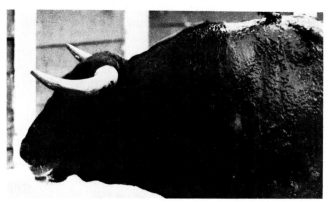

Afición: Vorliebe für eine Kunst, ein Spiel. Die Liebe zur Corrida, verbeiständet von der Kenntnis ihrer Regeln, ihrer Mechanismen. Bezeichnet auch die Gesamtheit ihrer Anhänger. Die Afición *torista* erlebt sich im Stier, die Afición *torerista* im Stierkämpfer. Verkürzt, pauschal beurteilt und auf einen Nenner gebracht, der bedingt stimmt: Die Afición von Andalusien aufwärts ist toristisch, jene von Despeñaperros *pa abajo* vom Tor nach Andalusien abwärts, ist toreristisch.
Ein *aficionado práctico* will es genau wissen. Er steht selbst vor Kälber oder Kühe, geht an Tentaderos oder Festivales.
Aficionado steht auch für *maletilla,* Junge, der um alles in der Welt Stierkämpfer werden möchte und sich Gelegenheiten sucht, seine Fähigkeiten unter Beweis zu stellen.

Alternativa: Die Zeremonie, mit der ein Novillero doktoriert, in den Stand des Vollmatadors gesetzt wird. Erfolgt diese nicht in Madrid, muß sie hier in der *confirmación* bestätigt, validiert werden. Das Ritual: Als Pate überläßt der amtsälteste auftretende Matador dem Neophyten den ersten – seinen Stier – und gibt ihm hierzu Muleta

und Degen. Der zweite Matador figuriert als Zeuge. Nach dieser Einsetzung hat der neue Matador das Recht, mit anderen auf den Carteles zu alternieren. Ein Novillero, der etwas auf sich hält, holt sich nicht den Nächstbesten als Paten, sondern sein lebendes Vorbild.

Apoderado: Bevollmächtigter, Manager, Agent des Matadors. Heute, im Zeichen des Monopols, gibt es nur noch ein paar unabhängige, freie; und die tun sich schwer, ihre Toreros ans Licht zu bringen. Hat einer einen guten Mann und mit diesem Erfolg, riskiert er, daß der ihm von einer mächtigen Empresa abgenommen wird, die Apoderado spielt und so, dank Marktbeherrschung, das leichteste Geld verdient. Der Apoderado bekommt für seine Arbeit 10 bis 15 Prozent der Gagen. Bis er einen Torero »gemacht« hat, investiert der gute allerdings in diesen – und nicht nur Geld; auch Engagement, Uneigennutz, väterliches, brüderliches, menschliches Verständnis.

Brega: der Kampf. Alles, was – außer in der Fanea, bei der Toro und Torero allein sind – mit dem Stier angestellt wird. Wie er in eine Suerte gebracht, wie er daraus hervorgeholt wird, wie er ans und vom Pferd kommt etc. Vornehmlich Arbeit der Peones, die dem Matador unterstehen. Über das Ganze wacht, als *director de la lidia*, der dienstälteste der drei Matadore. Zu den Aufgaben eines guten Matadors gehört keineswegs nur, bei einer Faena zu brillieren. Er hat auch den Kampf, sei es jener der andern, so zu führen und zu dirigieren, daß alles seine möglichst ästhetische Ordnung hat.

Capa: Capote. Wurde aus dem Radmantel, den die Toreros ursprünglich, wie andere Leute auch, trugen. Länge 1,05 bis 1,20 Meter, je nach Größe des Matadors. Aus blaßrosa Perkal, innen zitronengelb gefüttert. In Seide als *capote de Paseo* reichverziertes Paradestück beim Einzug, als Kampfcapa fundamentales Arbeitsgerät des Toreros. Dem Wind standzuhalten, ist der Capote viel schwerer, als es von den Rängen herunter erscheinen möchte. Seine Handhabung erfordert, außer dem künstlerischen Talent, enormes Geschick, das geübt werden muß.

Cartel: Die Stierkampfaffiche, das Plakat, dessen Text reglementarisch festgelegt ist: Ort, Tag, Stunde. Anzahl und Kategorie der Stiere. Name der Zucht(en). Die Matadore, in Reihenfolge ihrer Ancienität. Zuschauerplätze und Preise, Veranstalter. Die Corrida findet statt »mit Er-

Alberto Aliaño und Jacinto Alcón, zwei lebende Fossile: Apoderados, richtige. Freie. Mit Afición. Und wollen nicht nur Geld.

laubnis der Obrigkeit, und wenn das Wetter es nicht verhindert.« Ist der erste von den sechs Stieren tot, wenn der Kampf abgebrochen wird, muß der Eintritt nicht rückerstattet werden. In Ableitung: Cartel haben. Bringt ein Matador mit seinem Namen auf der Affiche die Leute in die Plaza, hat er Cartel. Ein solcher Torero (oder Ganadero mit seinen Stieren) ist *taquillero,* er füllt die Kasse.

Crítica: Die professionelle Stierkampfkritik. In Fachzeitschriften, die immer mal wieder eingehen und neu erstehen, und in den großen Massenblättern. Früher waren die Kritiker ganz einfach gekauft. Der *sobre,* der Umschlag mit dem Geld, ist keineswegs ausgestorben, wie man glauben machen will – und er lebt in den verschiedensten Formen fort. Eine rigorose, unabhängige Kritik bildete sich erst in den letzten zehn, fünfzehn Jahren heraus; und vieles, wessen sie sich rühmt, ist Eigenruhm. Eines muß man ihr zugute halten, eines, und es ist sehr wesentlich, hat sie erreicht: Das Alter der Stiere stimmt in den Corridas wieder. Daß es wieder stimmt, haben wir dieser unabhängigen Kritik zu verdanken. Unter den, wie sie sich gerne sehen – radikalen Kritikern gibt es auch reine *Tremendisten.* Die sich vorzugsweise mit Toreros herumprügeln. Die nun, da sie sich so frei fühlen, ein Stallknechtvokabular versilbern möchten. Die sich in jeder einleitenden Selbstdarstellung – und ihre Aufsätze sind vor allem dieses – als Saubermann herausstellen müssen. Die anderen Wasser predigen und selbst gern Wein trinken. Die großen Lärm machen – doch am Ende entfällt einem ihr Name.

Sehr einfühlsam war der zu früh verstorbene Guillermo Sureda; als einziger wirklich etwas von Pferden verstanden hat der zu früh verstorbene Carlos de Rojas; schreiben kann, wenn er will, Manuel Vidal; aufrecht, aber langweilig, die erste Frau, die es auf ein Katheder fürs große Publikum brachte: Mariví Romero; aufrecht und brav, Vicente Zabala; aufrecht und kumpelhaft, Manuel F. Molés; korrekt und scharfsichtig, Juan Posada; torerista, bei den Matadoren beliebt, Rafael Campos de España; sehr fleißig, auch torerista, aber ohne Relief: Filiberto Mira, der Advokat aus Sevilla.

Antonio Díaz-Cañabate, Kostumbrist, Chronist der Corrida.

Ein neuer Gag dieser neuen Kritik in den letzten Jahren: Statt Matadore kaputtzumachen, himmeln sie nun vorzugsweise einander gegenseitig an.

Große Chronisten der Corrida, wie A. Díaz-Cañabate

(der, de mortuis nil nisi bene, darüber hinaus eher einschläfernd war, aber ein paar gute Pointen, Neuschöpfungen fand), Greogorio Corrochano (der beste), Don Ventura, Don Selipe, K-Hito und wie sie alle heißen, oder Claude Popelin, der Franzose in Spanien, der als Aficionado práctico die technischen Dinge am Stierkampf erklärte wie kein zweiter – sie werden von unserem alten, nostalgischen Aficionado natürlich schmerzlich vermißt. Teils – teils. Teils mit Recht.
Gleich darunter beginnt die Lohnschreiberei, die reine!

Edad: das Alter der Stiere.
Stier: 4 bis 6 Jahre.
Novillo (con picadores): 3 bis 4 Jahre.
Novillo (sin picadores): 2 bis 3 Jahre.
Becerro (in Becerradas): Unter 2 Jahre.
Heute tragen die Stiere die letzte Ziffer ihres Jahrgangs ins Fell gebrannt, heute wird das Register, das »Zivilstandsbuch« der Toros streng gehandhabt. Post mortem wird von den Veterinären das Alter anhand von Gebißentwicklung und Hornwuchs noch einmal überprüft. Zu Recht: Daß ein Stier ausgewachsen sei, also seine Waffen voll einsetzen kann, ist bei weitem entscheidender als, wie das Publikum oft meint, sein Gewicht.

Flojo de remos: schwach auf den Beinen sind heute leider zuviele Stiere. Ein hinfallender Stier, der in der Arena aus Schwäche umkippt, das ist das falsche Drama – und hinschauen schwierig.
Gründe: Zuviel Silofutter; der Stier wurde gemästet. Zuviele Kilos; der Toro ist, um Publikum oder Kritikern zu genügen, im Verhältnis zu seinem Skelett zu schwer. Er asphixiert. Die Monopuya: Die einzige, aber unheimlich verwüstende Pica, aus der man dem Tier keinen Ausgang ließ, hat ihn erledigt, umgebracht. Oder der Stier wuchs auf zu engem Raum auf, hat kein Training, keine Muskulatur. Oder es handelt sich um eine Degenerationserscheinung in der Linie der Zucht. Oder bei exklusiven Zuchten, die keine Blutauffrischung riskieren: Consanguinität. Oder Traumen: Afeitado, Spritzen etc. Oder Nachwirkungen von Maul- und Klauenseuche.

Monopol: Die Vermarktung der Corrida in all ihren Bereichen: Empresa – Apoderamiento – Ganaderia hat zur monopolartigen Stellung von vier, fünf Unternehme(r)n geführt, die alles andere als gesund ist. Einhalt gebieten könnten einzig sehr dezidierte Vorschriften, gesetzliche Regelungen, die erst noch – unter Ausschaltung des Kaziken- und Strohmannsystems – eingehalten werden müßten. Die Plazas müßten hierzu wieder voll an die Ayuntamientos zurück und diese ihre Ferias mit einem Mann vorbereiten, der mehr als den Kommerz sucht. Sie dürften nicht einfach an den Meistbietenden verpachtet werden, der gerade einen Konkurrenten ausschalten

Pedro Balañá

Manolo Chopera

Manolo Camará

Pepe Camará

Fernando Jardón   Diodoro Canorea

Die großen Köpfe des Monopols, von denen die Toreros selten Gutes zu erzählen haben. Einer ist, nägelkauend, inzwischen gestürzt, entmachtet, einer ein besserer Strohmann. Aber sie deichseln es, solange es geht: Zukunft ist nicht ihr Problem.

muß und hiezu Phantasiepreise bezahlt, die er fairerweise nicht mehr hereinbringt. Sie müßten, eine für eine, an Männer gehen, deren vernünftige Vorschläge wirksam für die Afición zu arbeiten versprechen. Im Klartext: Allein ein Antitrustgesetz könnte Abhilfe schaffen.

Bis und mit Joselito hatte der Matador das Sagen. Bis Manolete der Ganadero. Mit und ab Manolete der Apoderado. Heute regieren die Empresarios. Und das heißt: die Monopolisten. Und das sind: Balañá, die Camará, die Choperas, die Choperita chicos, die Hermanos Valencia – und basta! Egal wie, die Herren wollen reich werden, reich bleiben. Was ihnen niemand verargt, solange es nicht auf Kosten des Toreo und der Toreros geht. Für den Fortbestand der Fiesta tun sie nichts oder noch weniger. An Risiko investieren sie am wenigsten. Ihre größte Afición ist das Geld. Geht bei einer Corrida die Kasse nicht auf, bleibt jener draußen, der seine Haut zu Markte trägt – der Torero: So einfach ist das, und es funktioniert!

Muleta: wörtlich: Krücke. Arbeitsinstrument des Matadors bei der Faena. Ein Stück Tuch, eiförmig, aus rotem Serge, über einen fünfzig Zentimeter langen Stab geschlagen. Ingeniös, genial. Synonym: *franela,* Flanell.

Patrón: Der effizienteste Schutzheilige der Matadores heißt Fleming, Alexander, Sir. Im Jahre 1928 entdeckte er das Penicillin und half damit den Toreros weiter als die ausgeklügeltste Chirurgie. Vor der Plaza de las Ventas in Madrid grüßt ihn ein gußeiserner Torero sehr ehrerbietig.

Auf den Hausaltären aller Stierkämpfer findet man die Macarena, schöne und romantische Jungfrau (eine verwandelte Maurenprinzessin) und jene mit der größten Vergangenheit unter den *Vírgenes de esperanza,* den sanften Madonnen und mächtigen Glücksbringern der Toreros. Ein kanonisierter Heiliger, der Stierwunder wirkte: San Pedro Regalado, der Schutzheilige von Valladolid.

Peso: das Gewicht der Stiere. Vorgeschriebenes Minimalgewicht der lebenden Stiere:
460 Kilo für Corridas in einer Plaza der 1. Kategorie. Erste Kategorie sind: Monumental (Las Ventas) von Madrid, Monumental Barcelona, Pamplona, Valencia, Bilbao, Sevilla, Zaragoza. 435 Kilo für Plazas der 2. Kategorie. Das sind, neben den Arenen der Provinzhauptstädte im ganzen Land: Vista Alegre, Madrid; Algeciras, Aránjuez Cartagena, Gijón, Jerez de la Frontera, Linares, Mérida, Puerto de Santa Maria.

410 Kilo für die Plazas 3. Kategorie. Das sind alle anderen.
Ein Novillo soll nicht über 410 Kilo wiegen. Aficionados berechnen das Gewicht der Stiere *en canal;* das heißt vom ausgeweideten Stier, etwa 60 Prozent des Lebendgewichts, leicht darüber.
Alte Aficionados rechnen in *arrobas* und *en canal* 1 arroba = 11,5 Kilo.

Suerte: bezeichnet, neben vielem anderem, jedes Manöver, das der Stierkämpfer vor und mit dem Stier macht. Kann auch die drei Akte oder *tercios* einer Corrida bedeuten: *suerte de vara, de banderillas, suerte suprema.*
Heißt, nicht zufällig, ganz einfach Glück. Suerte, unter Taurinos: Viel Glück!

Toreo: die Kunst des Stierkampfs. Zur *lidia,* zum Kampf mit seinen Regeln bringt Toreo die ästhetischen Kriterien ein, die im Verlaufe der Geschichte immer mehr Gewicht bekamen. Lidia: die Prosa der Fiesta de los Toros – Toreo ihre Poesie.

Traje de luces: das Lichtgewand. Weil es mit seinem Brokat und Prunk, den Verzierungen und Pailletten in der Sonne glitzert. Etwa 10 Kilogramm schwer. Sehr ungemütlich, mehr Hemmnis als Schutz. Bestehend aus: weißem Hemd, gefältelt und bestickt, *la camisa;* Seidenkrawatte oder *panoleta,* sehr dünn; Strümpfe, die über die Knie hochreichen; darüber die *medias:* rosa Seidenstrümpfe; la *faja,* heute ein Gurt in der Farbe der Krawatte, früher ein unendliches Bauchband, in das sich der Torero wickelte; die enganliegenden Kniehosen, *taleguillas,* in die er mit hüst und hott hineingezwängt werden muß; *chaleco,* das engliegende Gilet; *chaquetilla,* die kurze Weste, übersät mit Stickereien. Die Verzierungen heißen *alamares,* die Pailletten *caireles.* Bei den Subalternen darf es nur Silber, bei den Matadoren muß es Gold sein. Damit man sie im Ruedo auseinanderhalten kann. Die *montera,* seltsame Kopfbedeckung aus schwarzem Astrachan; die balletthaften Schuhe, *las zapatillas,* absatzlos. Das alles unverändert seit 150 Jahren. Geändert hat die *coleta,* das Zöpfchen als Standeszeichen der Toreros – sie ist heute ein Postiche.

Tremendismo: aus *tremendo* – schrecklich, erschreckend. Stierkampfästhetik, die durch Erschrecken der Zuschauer ihre Wirkung erstrebt, wobei sie Tricks einbezieht, Schau macht und aus dem Mittel einen Zweck. Gegen einen Tremendismus, der ohne Bluff pathetisch ist, wird nichts einzuwenden sein. Er hat gute Gevatter, von

Cordobés beim furchtbaren Froschhupf für Schwedinnen.

Belmonte abwärts. Anders, wenn es ums Abgleiten in die reine Effekthascherei geht. Mit einer Trickkiste, die man nur auftun kann, wenn man den Stier abschafft. Die vor einem verdummten Publikum mit Buffonaden buhlt, die allein mit »zukurzgekommenen«, halben Stieren zu haben sind. Ohne sich über diesen zu erheben, macht ein solcher Torero den Stier lächerlich, einen Stier, der keiner mehr ist.

Zurda: die Linke, die linke Hand. *La mano que torea.* Die beim Torero vom Herzen kommen muß.

Vom März bis in den Oktober...

Sie möchten sich nicht mit einer zufälligen Corrida an irgend einem Touristenort begnügen? Dann müssen Sie, wollen Sie nicht quer durch Spanien Stieren hinterher fahren, an eine der großen Ferias gehen. Wo Kämpfe in Serie stattfinden und, vielleicht, die Besten hinkommen. Ferias, die Patronatsfeste und Märkte, an denen die Fiesta nacional intensiv und extensiv wird.

Calle Victoria in Madrids pittoresker Altstadt, mit den Büros der Empresa die Downing Street der Corrida.

Portal von Las Ventas, der Plaza Monumental in Madrid.

Venta del Batán: Mitten im Sonntagsvergnügen der Madrilenen werden die Stiere der Feria ausgestellt und eifrig beäugt.

Die wichtigste, die längste für Toreros und Afición bleibt weiterhin die vom Mai in Madrid. San Isidro, der Stadtpatron, feiert um den 14. Mai. An die 20 Kämpfe begleiten ihn, Tag für Tag. Der Planeta de los Toros samt Schickeria, mit dem Café Simeón als Eckpunkt der Cuadrillas, ten Sie schon etwa aufsuchen.

Historischer, gemütlicher, sehr taurino das Hotel Victoria, mit dem Café Simeón als Eckpunkt der Cuadrillas, mit der hier schon bald pikaresken Altstadt um Puerta del Sol und Plaza Mayor im Rücken.

Madrid, das heißt ja nicht nur Corridas und Prado und Guernica und Venta del Batán, wo die Stiere im Freien ausgestellt sind (was ihnen nicht unbedingt bekommt, dem Publikum sehr), Madrid ist ja auch eine fabelhafte große Stadt, die man nicht aufs erste erkundet hat.

So richtig angefangen hat die Saison mit der Magdalena in Castellón de la Plana, vier Kämpfe, mit den Fallas von Valencia, einer etwa siebentätigen Serie im März. Die *días falleros* sind sehr festlich, sehr karnevalesk und sehr viel Feuerwerk. Das Hotel der Matadore heißt Astoria. Valencia heißt Süden und Grazie und Meer und üppiges Hinterland.

Die Maestranza von Sevilla, schönste Plaza de toros der Welt. Hier hat eine Muse die Hand im Spiel, die man nicht zu umschreiben braucht: Alegría heißt sie.

Folgt, beginnend eine Woche nach Ostern, die euphorischste Feria des Südens, die Feria de abril in Sevilla. Mit einem kennerischen, exquisiten, leicht spleenigen Publikum, recht eigentlich empfindsam, und mit der schönsten Plaza der Welt, der Maestranza. Colón, das Hotel der Matadore und Manager, überrissen, die Bar genügt Ihnen vollauf; schrecklich teuer, aber gut ißt man in dem angeschlossenen Burladero. Das Bécquer, garni und ein paar Schritte daneben, tut es sehr gut. Hier ziehen sich die Bescheideneren um und findet sich Afición.

Touristenfreier ein paar Tage darauf die Feria del Caballo in Jerez, Andalusiens anderem Herzen. Hier verstehen die Leute mindestens ebenso viel und ebenso tief, es riecht nach Land, nach dem Campo, auf dem man schnell ist, und wo es von Stieren, von Zuchten wimmelt. Córdoba und Granada noch im Mai, jeweilen ein paar Tage, das Klima ist jetzt gut und viel Zeit für Altstädte, Alhambras, Mezquitas, Albaicines. Sofern Sie sich den falschen Zigeunerzauber vom Leibe halten können, viel

Zeit für die echteste Verzauberung – viel Lorca, de Falla, viel Mozarabisches in der Luft.

Die am meisten herbeigesehnte Feria von allen beginnt am 7. Juli in Pamplona und dauert eine Woche. Daß ein Heiliger heidnischer zu Ehren käme als der bischöfliche San Fermín, mag man sich vielleicht noch am Karneval von Rio ausdenken, ansonsten nirgendwo.

Die morgendlichen Encierros, bei denen mit den Stieren um die Wette durch die Straßen in die Arena gelaufen wird, ein emphatisches Spektakel, aber auch viel mehr: viel Bauch, viel starke Emotion, viel entrañas.

Die Stiere groß, intakt und gut, die Kämpfe ein bißchen schlechter, weil ein sechs Tage, sechs Nächte feierndes Volk zu sehr mit sich selbst beschäftigt ist, um noch auf Details zu achten. Pamplona: wild, orgiastisch, aufreibend, ausschweifend, unersättlich, leidend, unerlöst und unerlösbar, mit dem Ende traurig. Kondition müssen Sie mitbringen, im kleinen, geduldigen Yoldi der Matadore sich wohl mit der Bar begnügen. Das Maisonnave nimmt den Begleittroß auf, Tres Reyes können Sie Ölfindern schenken. Die meisten sehen in Pamplona eh kein Obdach, wozu auch!

Anschließend die Feria San Jaime in Valencia, heiß und andauernd. Die Afición dieser Stadt, immer auf eine ganz eigenartige Weise torerista, sie ist – nach dem Rausschmiß der alten Empresa, die alles auf den Hund brachte – dabei, sich mit ein paar jungen Toreros, welche die ewigen Lokalmatadoren ablösen können, wieder zu erholen.

August, der Feriamonat par excellence und jener der kleineren Städte und Pueblos.

Wenn Sie nur fahren und fahren wollen, können Sie jeden Tag Corrida sehen, irgendwo. Und fast so viele noch im September. Hier werden die Stiere langsam aufgebraucht – oder auch aufgedunsen. Der lange, heiße, dürre Sommer frißt an ihnen, pienso compuesto stopft sie aus.

Eine ganz erstklassige Feria jene von Bilbao, um den 20. August, etwa acht Kämpfe, einer toristischer als der andere, mit Stieren, wie sie Ihnen anderswo kaum begegnen. Ein feierlich ferventes Publikum, neuestens mit *peñas* durchzogen, ähnlich Pamplona, was ihm etwas von seiner Strenge nimmt. Im Hotel Ercilla findet sich alles, aber alles, was dazugehört, unter einem großen und hohen Dach. Als Triumphator aus der Feria von Bilbao herauszugehen, ist für einen Matador keine kleine Sache.

Logroño, anschließend, kleiner, aber mitten im Rioja, steht dem in Sachen Aufwand an Stieren kaum nach.

Ronda, Wiege des Stierkampfs, still going strong.

Anfangs August feiert Málaga eine Woche lang. Gegenteiliger Vermutung zum Trotz: Es geschieht authentischer, als man sich das denken würde. Ihre Feria wollen die Malagueños für sich. Sie sind willkommen, wenn Sie die Dinge nehmen, wie sie laufen. In Málaga laufen die oft nicht schlecht.

Vom Aparthotel Maestranza sehen Sie, wenn Sie Ostseite haben, direkt in die Malagueta hinunter, sehen das Spiel von Licht und Schatten auf historischem, gelbem Sand. Die Cuadrillas ziehen sich hier um, die Matadore im Palacio. Zwischen den beiden der unvermindert wunderschöne Paseo mit Park und starker Allee, davor der Puerto.

Im September würdigt Jerez noch einmal ein paar Tage lang die Weinlese, die *vendimia.*

Auch im September: Valladolid, Salamanca, Albacete, Murcia – ländlich und gut, zum Lernen geeignet.

Eine schwere, harte Feria für die Toreros jene der Lieben Frau von Pilar in Zaragoza, Oktober schon. Es kann kalt machen, und Stiere frieren ungern. Von den Toros her ein bißchen Ausverkauf, die Folklore hingegen gibt sich Mühe. Sollten Sie von alledem genug haben oder nie genug bekommen, halten Sie sich an Frankreichs Süden oder Westen mit seinen über dreißig Plazas und mise-à-mort.

CORRIDA, TOREO, TAUROMAGIA, FIESTA BRAVA, FIESTA NACIONAL:
FUENF UHR NACHMITTAG,   MUTTER, MACH DOCH DAS FENSTER AUF
UM FUENF KOMMT DER STIER GELAUFEN,   UM SECHS DAS GLUECK VIELLEICHT
      WAS WIRD AUS MIR GEWORDEN SEIN HEUTE ABEND UM SIEBEN
WENN DER PRAESIDENT DAS OHR GIBT,   DAS STIERCHEN DEN
                                                                  HORNSTOSS
ICH WILL DICH IN SEIDE KLEIDEN – ODER DU WIRST TRAUER TRAGEN
MUTTER   AY CORDOBA, CORDOBITA, WIRST DEINE LEUTE LOS
   ACH, KOENNT ICH VERGESSEN, WAS STIERE FUER HOERNER HABEN
VON CADIZ NACH SEVILLA GAEB'S KEINEN TORERO WIE MICH
HIERHER MEIN TAPFERES STIERCHEN, KOMM SCHON, MEIN STIERGALAN
ERHABENER STIER, DU ALLMAECHTIGER, GEBIETER UEBER DAS LAND
     SCHON LIEFEN DIE OCHSEN UEBER DIE BRUECKE VON TRIANA
SECHS SCHWARZE STIERE INMITTEN,   AM FENSTER MEINE BRAUT
UND EIN TUECHLEIN HAT REVERTES BRAUT MIT VIER PICADORES
                                                          DRIN HOLLA
ACH, TRAURIG BLEIBT, WENN KEIN STIERFEST IST,
UNSERE LIEBE FRAU VON SALCEDO   SIE WEISS
          AUS SEVILLA DIE GRAZIE, AUS RONDA DER MUT
GUTER STIERKAMPF IST ALTER WEIN, WEISS SIE,   MAN MUSS IHN
LANGSAM UND MIT GAUMEN TRINKEN   DRUM WUENSCHT SIE
FUER WEISHEIT SALOMO, PAQUIRO ALS TORERO,
          UND SPANIEN REGIEREN SOLL ESPARTERO
IM HIMMEL OBEN EIN GROSSES STIERLAUFEN
AUF FUESSEN VON SILBER   DER REST AUS GOLD
ICH ABER MEINE, DER STIER IST EIN MOND,
JE WEITER ER WEG IST, JE BESSER
UND AUCH: CORRIDA IST GANZ ANDERS

Dann tanzt im Weiß Chiclanas Paquiro!

Alles ist eins, und das eine vergangen, ehe es sein durfte. Leben, lieben, sterben – wer wüßte das noch?
(Vor meinem Fenster stirbt die Aloe).
Wo soll ich da hin mit meinem Tod im Horn des Stieres, fraktioniert von einem Männchen in zu engem Lichtgewand?
Riecht Angst, und riecht Schweiß, wenn sie unter der *montera* blühn, feiner, weil es nach blutenden Nelken duftet?
Bei den weichen Knien, die ich bekomme im Fleischerladen, vor jedem Hirn und jeder Leber: Ich bin kein Unmensch und der Vatermord, ritualisiert im Stierkampf, bewegt mich nur am Rande, als eine Marginalie aus den Blättern der Psychologie, die mich nur am Rand bewegen.
Was explodiert in mir, wenn der *toril* aufgeht?
Das Leben ist vom Tod umzingelt, ist alles, was man wissen muß.
Dann schießt auf den Weiden um Sidonia den Stieren Milch ein. In Córdobas Mezquita grasen dann die Azaleenkühe Flügelrippengold.

Dann tanzt im Weiß Chiclanas Paquiro mit der ausgestopften Sumpfente.
Man hört in Badajoz dann Störche lauter letzte Stunden klappern.
Dann kräht Sevillas Giraldillo Levante aus den Hahnenlungen.
Vor den Tavernen Talaveras klagt ein Ziegenhund um Joselito dann.
In Cádiz hängen dann die Mädchen ihre *coplas* an des Windes Wäscheleinen.
Und du fragst: Wer, wäre es in Groschenheften, schriebe nicht an gegen den Tod?
Der Matador aber schafft jene unnütze Schönheit, die vielmals geschundene, im Schatten eines Todes, den er verwegen austeilt und vermessen überwindet.
Für Augenblicke nur, fragil. Doch sind es lebende Bilder, die aus der Tiefe denken lernen.
Tiefe, ein gelynchter *underdog,* heute. Doch ihr Aroma putzt keiner weg.
Corrida, die Essenz. Essenz des Lebens und Essenz des Todes.
Beides sind Drogen. So bin ich denn süchtig.

Texte zur CORRIDA
eine kleine Anthologie

Federico García Lorca
(1898–1936)

Federico García Lorca, die andalusische Nachtigall, 1936, sobald deren Nacht nur anging, von den Falangisten in höchster Eile erschossen, verscharrt, dann vierzig Jahre franquistisch verleumdet, verfemt und verdrängt, inzwischen von der Welt den Spaniern als Kukkucksei ins Nationalheilige zurückgetragen.

Als sein Freund Ignacio Sánchez Mejías, Matador, Dichter und *flamenquista,* eine der großen und schillernden Figuren des Toreo, und einer der Kühnsten, als er im Sommer 1934 am Gasbrand der Wunden starb, die ihm der Stier »Granadino« von Ayala in Manzanares beigebracht hatte, schrieb Federico jene erschütternde Totenklage, die heute zum Höchsten zählt.

Klage um Ignacio Sánchez, Mejías

Hornstoß und Tod

Am Nachmittag um fünf Uhr.
Am Nachmittag war es um fünf Uhr genau.
Ein Knabe brachte das weiße Leintuch
am Nachmittage um fünf Uhr.
Ein Korb mit Kalk stand längst bereit
am Nachmittag um fünf Uhr.
Alles andre war Tod und nur Tod
am Nachmittage um fünf Uhr.

Der Wind trug die Watte hinweg
am Nachmittag um fünf Uhr.
Der Sauerstoff säte Kristall und Nickel
am Nachmittage um fünf Uhr.

Llanto por
Ignacio Sánchez Mejías

La cogida y la muerte

A las cinco de la tarde.
Eran las cinco en punto de la tarde.
Un niño trajo la blanca sábana
a las cinco de la tarde.
Una espuerta de cal ya prevenida
a las cinco de la tarde.
Lo demás era muerte y sólo muerte
a las cinco de la tarde.

El viento se llevó los algodones
a las cinco de la tarde.
y el óxido sembró cristal y niquel
a las cinco de la tarde.

ya luchan la paloma y el leopardo
a las cinco de la tarde.
y un muslo con un asta desolada
a las cinco de la tarde.
Comenzaron los sones del bordón
a las cinco de la tarde.
Las campanas de arsénico y el humo
a las cinco de la tarde.

En las esquinas grupos de silencio
a las cinco de la tarde.
¡Y el toro solo corazón arriba!
a las cinco de la tarde.
Cuando el sudor de nieve fué llegando
a las cinco de la tarde.
cuando la plaza se cubrió de yodo
a las cinco de la tarde.
la muerte puso huevos en la herida
a las cinco de la tarde.
A las cinco de la tarde.
A las cinco en punto de la tarde.

Un ataúd con ruedas es la cama
a las cinco de la tarde.
Huesos y flautas suenan en su oído
a las cinco de la tarde.
El toro ya mugía por su frente
a las cinco de la tarde.
El cuarto se irisaba de agonía
a las cinco de la tarde.
A lo lejos ya viene la gangrena
a las cinco de la tarde.
Trompa de lirio por las verdes ingles
a las cinco de la tarde.
Las heridas quemaban como soles
a las cinco de la tarde.
y el gentío rompía las ventanas
a las cinco de la tarde.
A las cinco de la tarde.
¡Ay qué terribles cinco de la tarde!
¡Eran las cinco en todos los relojes!

Schon kämpften Taube und Pardel
am Nachmittage um fünf Uhr.
Und ein Schenkel mit trostlosem Horn
am Nachmittage um fünf Uhr.
Die tiefsten der Töne erbrummten
am Nachmittage um fünf Uhr.
Die Glocken des Dunstes, des Arsens
am Nachmittag um fünf Uhr.

An den Ecken Gruppen des Schweigens
am Nachmittag um fünf Uhr,
und der Stier nur erhobenen Herzens!
am Nachmittage um fünf Uhr,
als dann der Schneeschweiß hervorbrach
am Nachmittag um fünf Uhr,
als mit Jod sich bezog die Arena
am Nachmittage um fünf Uhr,
legte Eier der Tod in die Wunde
am Nachmittage um fünf Uhr.
Am Nachmittage um fünf Uhr.
Am Nachmittag um fünf Uhr genau.

Ein Sarg ist, mit Rädern, das Bett
am Nachmittage um fünf Uhr.
Knochen und Flöten tönen im Ohr ihm
am Nachmittage um fünf Uhr.
Ihm brüllte der Stier um die Stirn schon
am Nachmittage um fünf Uhr.
Das Zimmer erschillert' vor Todkampf
am Nachmittage um fünf Uhr.
Von weither kriecht schon der Wundbrand
am Nachmittage um fünf Uhr.
Lilienjagdhorn um grüne Weichen
am Nachmittage um fünf Uhr.
Die Wunden brannten wie Sonnen
am Nachmittage um fünf Uhr,
und die Leute zerbrachen die Fenster
am Nachmittage um fünf Uhr.
Am Nachmittage um fünf Uhr.
Ach welch gräßliche fünf Uhr nach Mittag!
Auf allen Uhren wars fünf Uhr.

In des Nachmittags Schatten wars fünf Uhr!   ¡Eran las cinco en sombra de la tarde!

Das vergossene Blut   La sangre derramada

Nein, ich will es nicht sehn!   ¡Que no quiero verla!

Sage dem Mond, er soll kommen,
denn ich will nicht, ich will nicht sehen
Ignacios Blut auf dem Sande.

Dile a la luna que venga,
que no quiero ver la sangre
de Ignacio sobre la arena.

Nein, ich will es nicht sehn!   ¡Que no quiero verla!

Der Mond hat weit sich geöffnet.
Pferd stiller ruhiger Wolken,
und die graue Arena des Traums
mit Trauerweiden am Sperrsitz.

La luna de par en par.
Caballo de nubes quietas,
y la plaza gris del sueño
con sauces en las barreras.

Nein, ich will es nicht sehen!
Denn mein Gedächtnis verbrennt.
Ruft die Jasmine herbei
mit ihrer winzigen Weiße!

¡Que no quiero verla!
Que mi recuerdo se quema.
¡Avisad a los jazmines
con su blancura pequeña!

Nein, ich will es nicht sehn!   ¡Que no quiero verla!

Die Kuh dieser alten Welt
fuhr mit der traurigen Zunge über ein Maul aus Blut und Blut,
aus Blut, vergossen im Sande,
und die Stiere Guisandos,
Tod fast und nahezu Stein,
brüllten wie zweihundert Jahre,
verdrossen, die Erde zu stampfen.
Nein.

La vaca del viejo mundo
pasaba su triste lengua
sobre un hocico de sangres
derramadas en la arena,
y los toros de Guisando,
casi muerte y casi piedra,
mugieron como dos siglos
hartos de pisar la tierra.
No.

Nein, ich will es nicht sehn!   ¡Que no quiero verla!

Die Sitze hinan steigt Ignacio
mit all seinem Tod auf dem Rücken.
Er suchte das Dämmern des Morgens,
aber kein Morgen erdämmert.
Er sucht sein bestimmtes Profil,
aber der Traum verwirrt ihn.

Por las gradas sube Ignacio
con toda su muerte a cuestas.
Buscaba el amanecer,
y el amanecer no era.
Busca su perfil seguro,
y el sueño lo desorienta.

Buscaba su hermoso cuerpo. y encontró su sangre abierta. ¡No me digáis que la vea! No quiero sentir el chorro cada vez con menos fuerza; ese chorro que ilumina los tendidos y se vuelca sobre la pana y el cuero de muchedumbre sedienta. ¡Quién me grita que me asome! ¡No me digáis que la vea!	Er sucht' seinen herrlichen Leib, aber fand sein offenes Blut. Heißt mich nicht es mir ansehn! Ich will seinen Strahl nicht erfühlen, der mit immer weniger Kraft springt: den Strahl, der die Sitzreihn verklärt und nieder auf Samt fällt und Leder dürstender Massen von Leuten. Wer schreit mir wohl zu, ich soll hinsehn! Heißt mich nicht es mir ansehn!
No se cerraron sus ojos cuando vió los cuernos cerca, pero las madres terribles levantaron la cabeza. Y a través de las ganaderías, hubo un aire de voces secretas que gritaban a toros celestes, mayorales de pálida niebla. No hubo príncipe en Sevilla que comparársele pueda ni espada como su espada ni corazón tan de veras. Como un río de leones su maravillosa fuerza, y como un torso de mármol su dibujada prudencia. Aire de Roma andaluza le doraba la cabeza donde su risa era un nardo de sal y de inteligencia ¡Qué gran torero en la plaza! ¡Qué gran serrano en la sierra! ¡Qué blando con las espigas! ¡Qué duro con las espuelas! ¡Qué tierno con el rocío! ¡Qué deslumbrante en la feria! ¡Qué tremendo con las últimas banderillas de tiniebla!	Nicht schlossen sich seine Augen, als er die Hörner schon nah sah, aber die schrecklichen Mütter reckten die Köpfe empor. Die Stierzüchtereien durchzog ein Wind von heimlichen Stimmen, die himmlischen Stieren riefen – Großknechte bleichen Genebels. Kein Fürst war je in Sevilla, den vergleichen man könnte mit ihm, kein Degen je wie sein Degen, kein Herz wie sein hochherzges Herz. Wie ein Strom von Löwen, so war seine Kraft, ein Wunder der Kraft, und wie ein Torso aus Marmor seine scharf gezeichnete Klugheit. Luft andalusischen Roms vergoldete ihm seinen Kopf, wo sein Lachen war eine Narde aus Scharfsinn und feinem Witz. Im Kampfplatz – welch großer Torero! Auf Bergen – welch guter Steiger! Wie weich mit den Ähren! Wie hart mit den Sporen! Wie zart mit dem Tau! Wie blendend am Festtag! Wie furchtbar mit den letzten Banderillas des Dunkels!
Pero ya duerme sin fin.	Aber schon schläft er endlos.

Schon öffnen mit sichren Fingern
des Schädels Blüte ihm Moose und Kraut.
Schon fängt sein Blut an zu singen:
es singt über Salzseen und Auen,
vergleitet an eisstarren Hörnern
und schwankt ohne Seele durch Nebel
und stößt auf vieltausend Klauen
wie eine lange dunkle traurige Zunge –
eine Lache aus Todkampf zu bilden
bei der Sterne Guadalquivir.
O weiße Mauer Spaniens!
O schwarzer Stier des Leides!
O starkes Blut Ignacios!

O Nachtigall seiner Venen!
Nein.
Nein, ich will es nicht sehen!
Es gibt keinen Kelch, der es faßte,
keine Schwalbe gibts, die es tränke,
keinen Lichtreif, der es gefröre,
keinen Sarg, keine Sintflut von Lilien –
es mit Silber zu decken, kein Wasser.
Nein.
Nicht ich!! Ich will es nicht sehn!

Anwesender Leib

Der Stein ist eine Stirn, darauf die Träume seufzen,
von Wasserbögen bar und bar gefrorener Zypressen.
Der Stein ist eine Schulter, die Zeit hinwegzutragen
mit Tränenbäumen und mit Bändern und Planeten.

Gesehen hab ich graue Regen, wellenwärts bewegt,
die ihre zarten und durchsiebten Arme hoben,
um nicht gejagt zu werden von dem Stein, der lauernd liegt,
und ihre Glieder löst, doch nie an ihrem Blute sich erweicht.
Es nimmt der Stein wohl an Gesäm und auch Gewölke,
Gerippe wohl von Lerchen und halben Schattens Wölfe,
doch gibt er keinen Klang, kein Feuer, kein Kristall –

Ya los musgos y la hierba
abren con dedos seguros
la flor de su calavera.
Y su sangre ya viene cantando:
cantando por marismas y praderas,
resbalando por cuernos ateridos,
vacilando sin alma por la niebla,
tropezando con miles de pezuñas
como una larga, oscura, triste lengua
para formar un charco de agonía
junto al Guadalquivir de las estrellas.
¡Oh blanco muro de España!
¡Oh negro toro de pena!
¡Oh sangre dura de Ignacio!

¡Oh ruiseñor de sus venas!
No.
¡Que no quiero verla!
Que no hay cáliz que la contenga,
que no hay golondrinas que se la beban,
no hay escarcha de luz que la enfríe,
no hay canto ni diluvio de azucenas,
no hay cristal que la cubra de plata.
No.
¡¡Yo no quiero verla!!

Cuerpo presente

La piedra es una frente donde los sueños gimen
sin tener agua curva ni cipreses helados.
La piedra es una espalda para llevar al tiempo
con árboles de lágrimas y cintas y planetas.

Yo he visto lluvias grises correr hacia las olas
levantando sus tiernos brazos acribillados,
para no ser cazadas por la piedra tendida
que desata sus miembros sin empapar la sangre.

Porque la piedra coge simientes y nublados.
esqueletos de alondras y lobos de penumbra;
pero no da sonidos, ni cristales, ni fuego,

sino plazas y plazas y otras plazas sin muros.

Ya está sobre la piedra Ignacio el bien nacido.
Ya se acabó; ¿qué pasa? Contemplad su figura:
la muerte le ha cubierto de pálidos azufres
y le ha puesto cabeza de oscuro minotauro.

Ya se acabó. La lluvia penetra por su boca.
El aire como loco deja su pecho hundido,
y el Amor, empapado con lágrimas de nieve,
se calienta en la cumbre de las ganaderías.

¿Qué dicen? Un silencio con hedores reposa.
Estamos con un cuerpo presente que se esfuma,
con una forma clara que tuvo ruiseñores
y la vemos llenarse de agujeros sin fondo.
¿Quién arruga el sudario? ¡No es verdad lo que dice!
Aquí no canta nadie, ni llora en el rincón,

ni pica las espuelas, ni espanta la serpiente:
aquí no quiero más que los ojos redondos
para ver ese cuerpo sin posible descanso.

Yo quiero ver aquí los hombres de voz dura.
Los que doman caballos y dominan los ríos:
los hombres que les suena el esqueleto y cantan
con una boca llena de sol y pedernales.

Aquí quiero yo verlos. Delante de la piedra.
Delante de este cuerpo con las riendas quebradas.
Yo quiero que me enseñen dónde está la salida
para este capitán atado por la muerte.

Yo quiero que me enseñen un llanto como un río
que tenga dulces nieblas y profundas orillas,
para llevar el cuerpo de Ignacio y que se pierda
sin escuchar el doble resuello de los toros.

Arenen gibt er nur, Arenen und Arenen, mauerlos.

Da liegt nun auf dem Stein Ignacio, wohlgeboren;
geendet nun; was ist? Betrachtet seinen Leib nur:
der Tod hat ihn bedeckt mit blassen Schwefelblüten
und einen dunklen Minotauruskopf ihm aufgesetzt.

Es ist zu Ende jetzt. Der Regen dringt durch seinen
Mund.
Und wie im Wahnwitz läßt die Luft die Brust ihm eingesunken;
der Gott der Liebe, ganz durchtränkt mit Tränen, die aus
Schnee,
wärmt auf der Höhe sich der Stierzuchtgüter.

Was sagt man? Eine Stille ruhet mit Gestank sich aus.
Wir stehn ihn eines Leibes Gegenwart, der sich verflüchtigt,
bei einem rein Geformten, darin Nachtigallen waren,
und sehn, wie es mit Löchern ohne Grund sich füllt.

Wer fältelt hier das Schweißtuch! Lüge, was es sagt!
Denn hier singt niemand, niemand weint im Winkel,
klirrt mit den Sporen, schreckt die Schlange auf:
Nichts andres will ich hier als aufgerissne Augen,
um diesen Leib zu sehn im Unvermögen seiner Ruhe.

Hier will ich sehn die Männer mit der harten Stimme,
die Rosse bändigen und über Ströme herrschen,
die Männer, denen das Gerippe tönt, die singen
mit einem Mund voll Kieselsteinen und voll Sonne.

Die will ich sehen. Hier. Und vor dem Steine.
Vor diesem Leibe mit zerrissnen Zügeln.
Die sollen, will ich, zeigen mir den Weg hinaus
für diesen Kapitän, den Tod gebunden.

Die sollen, will ich, lehren eine Klage mich
wie einen Fluß mit sanften Nebeln, tiefen Ufern,
Ignacios Leib hinabzuflößen, unauffindbar,
wo er der Stiere zwiefach Schnauben nicht mehr hört.

Er soll verlieren sich in der Arena Rund des Monds,
der, wenn er klein noch, wie ein leidend unbeweglich
Rind sich stellt;
verlieren soll er in der Nacht sich, da kein Fisch singt,
im weißen Dickicht sich verliern gefrornen Nebels.

Ich will nicht, daß in Tüchern man sein Antlitz birgt,
damit er sich gewöhne an den Tod, den er erträgt.
Geh, geh, Ignacio: hör nicht das heiße Stiergebrüll.
Schlaf, flieg und ruhe: Einmal stirbt hin auch das Meer!

Que se pierda en la plaza redonda de la luna
que finge cuando niña doliente res inmóvil;
que se pierda en la noche sin canto de los peces
y en la maleza blanca del humo congelado.

No quiero que le tapen la cara con pañuelos
para que se acostumbre con la muerte que lleva.
Vete, Ignacio: No sientas el caliente bramido.
Duerme, vuela, reposa: ¡También se muere el mar!

Abwesende Seele

Nicht kennen dich Stier und nicht Feigbaum,
nicht Rosse, nicht Emsen deines Hauses.
Nicht der Nachmittag kennt dich, das Kind nicht,
denn gestorben bist du für immer.

Nicht kennt dich der Rücken des Steines,
nicht der schwarze Atlas, darin du zerfällst.
Nicht kennt dich dein stummes Erinnern,
denn gestorben bist du für immer.

Der Herbst wird kommen mit Muscheln,
mit Nebeltraube, sich scharenden Bergen,
doch niemand will sehn deine Augen,
denn gestorben bist du für immer.

Denn gestorben bist du für immer,
wie all Toten der Erde,
wie alle Toten – vergessen
in einem Haufen vermoderter Hunde.

Dich kennt niemand. Nein. Doch ich sing dich.
Ich sing dein Profil, deine Anmut, für später.
Die bedeutende Reife deiner Erkenntnis.
Dein Sehnen nach Tod, dem Geschmack deines Mundes.
Die Melancholie deiner tapferen Freude.

Lang wird es währen bis zur Geburt, wird je er geboren,

Alma ausente

No te conoce el toro ni la higuera,
ni caballos ni hormigas de tu casa.
No te conoce el niño ni la tarde
porque te has muerto para siempre.

No te conoce el lomo de la piedra,
ni el raso negro donde te destrozas.
No te conoce tu recuerdo mudo
porque te has muerto para siempre.

El otoño vendrá con caracolas,
uva de niebla y montes agrupados,
pero nadie querrá mirar tus ojos
porque te has muerto para siempre.

Porque te has muerto para siempre,
como todos los muertos de la Tierra,
como todos los muertos que se olvidan
en un montón de perros apagados.

No te conoce nadie. No. Pero yo te canto.
Yo canto para luego tu perfil y tu gracia.
La madurez insigne de tu conocimiento.
Tu apetencia de muerte y el gusto de su boca.
La tristeza que tuvo tu valiente alegría.

Tardará mucho tiempo en nacer, si es que nace,

un andaluz tan claro, tan rico de aventura.
Yo canto su elegancia con palabras que gimen
y recuerdo una brisa triste por los olivos.

eines Andalusiers, so lauter, an Wagnis so reich,
Seine Feinheit sing ich mit Worten, die seufzen,
und gedenk einer traurigen Brise in den Oliven.

Ignacio Sánchez Mejías
pflanzt ein Paar Banderillas,
eine seiner großen Stärken.

Camilo José Cela
(* 1916)

Der in Galicien geborene, in der Hauptstadt lebende Camilo José Cela, Mitglied der spanischen Akademie, führte mit seinen vielbeachteten Romanen einen ironischen, witzigen »Tremendismo« in die Literatur ein. Mit den Fotografen Maspons und Ubiña machte er, zwischen Ergriffenheit und Gelächter, ein wunderbares Buch über *toreo de salón,* dem der nachfolgende Passus entstammt:

Toreo de salón

Der Torero geht ins Rund hinaus, und wenn es ein Stier ist, wie Gott ihn schickt, einer, der die Spielregeln kennt, macht der Stier den Rest. Der torero de salón hat keinen Helfer. Um toreo de salón zu treiben, muß einer, außer Torero, ein großer dramatischer Schauspieler sein. Geh vorbei, toro! zu einem Stuhl gesagt, der am Platz bleibt, das ist viel weniger normal, als einen Stier dies zu heißen, der, wenn es gut geht, so schnell vorbeistürmt, daß man nicht Zeit hat, seinen Spruch loszuwerden. Sich ohne Stier in Szene zu setzen ist verdienstvoller, als mit eingezogenem Bauchnabel am Leben bleiben, wenn der Stier zustößt. Da sagt einer, mit einem gewissen Hochgefühl: He, toro! und der Stier kommt, und der andere wippt und wiegt, und wenn er es nicht tut, wird er gelyncht, was schlimmer ist, gewiß, aber immer noch einfacher. Ist aber der Stier ein Liegestuhl statt ein Stier, oder ein tragbares Bidet, oder eine Nachttischlampe aus Marmor, oder eine Nähmaschine, und sagt man ihm: He, toro! und der kommt nicht, sondern bleibt stehn wie nur irgendwas, muß man alles einsetzen, was man im Leben eingebracht hat: bis hin zum Wippen und Wiegen. Das mit dem toreo de salón ist sehr verdienstvoll, sehr geheimnisvoll, und es laviert immer am Rande der Geringschätzung. Wie die reine Poesie oder das heimliche Laster ist das mit dem toreo de salón etwas, was man nur unter Auserwählten finden kann.

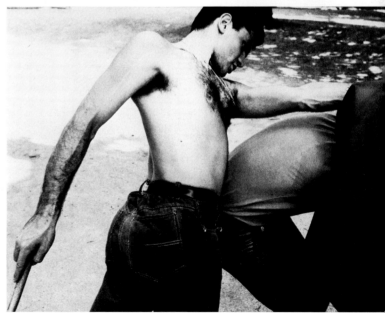

Barnaby Conrad

Der ehemalige Vizekonsul in Sevilla, Málaga, Barcelona nahm bei Juan Belmonte Unterricht und verfaßte mehrere Bücher zum Thema Stierkampf, darunter die 1961 erschienene *Encyclopedia of Bullfighting.* Wie vor ihm Sidney Franklin aus New York, wie der Maler John Fulton nach ihm, versuchte er sich eine Zeit in den Arenen. Das hier mitbeschriebene, degoutante Abschneiden von Stierhufen als Trophäe hatte sich nur für kurze Zeit eingeschlichen und ist heute vom Reglement strikte verboten.

Der größte Stierkampf aller Zeiten

Arruza kam um sechs Uhr morgens an, nachdem er am Nachmittag vorher in Cadiz gekämpft hatte und die ganze Nacht bis Málaga gefahren war. Um drei Uhr ging ich zum Hotel, um ihn zu wecken, und das Idol Spaniens war in einem jämmerlichen Zustand; er sah ganz grün aus und schwankte, als er aufstand, um ein Bad zu nehmen. »Ich bin ausgepumpt.« Die Worte stürzten heraus. »Ich habe fast vierzig Fieber, ich kann nicht jeden Tag so weitermachen. Ich möchte nie wieder kämpfen. Ich werde mich zehn Jahre ins Bett legen, wenn die Saison vorbei ist. Wie war der Kampf gestern?« fuhr er schnell fort, während er sein Rüschenhemd anzog. »Ich habe die Zeitungen noch nicht gelesen.«
»Canitas hat den besten Kampf der Saison geliefert«, sagte ich.
Carlos hörte auf, sich die Krawatte zu binden. »Machst du Witze?«

»Nein«, sagte ich. »Er war begnadet – kämpfte, wie er noch nie gekämpft hat – schnitt Ohren, Schwanz und einen Huf ab.« Ich räusperte mich. »Aber – ähh – du wirst doch auf jeden Fall zur Feier zu mir kommen, oder?« Arruza betrachtete mich ganz ruhig und sagte: »Ich werde da sein, *chiquillo.*«

Ich machte den Fehler, zum letzten Kampf zwei Frauen mitzunehmen. Carlos stand als erster auf dem Programm, und als er in die Knie ging und den Stier viermal so nahe an sich vorbeisausen ließ, daß der dabei einen Teil seiner bestickten Jacke mitnahm, wurde das Mädchen zu meiner Rechten ohnmächtig; das andere Mädchen wäre ebenfalls in Ohnmacht gefallen, wenn sie nicht so sehr damit beschäftigt gewesen wäre, die Freundin wiederzubeleben. Carlos machte alle Schwenks, die es gibt, und erfand noch zwei dazu, aber die Mädchen hielten es nicht mehr aus; sie gingen ungefähr in dem Augenblick, als er den Stier mit einem einzigen Stoß fällte. Die Menge raste, und der *presidente* gab dem Banderillero mit seinem Taschentuch das Zeichen, ein Ohr, beide Ohren, Schwanz und Huf abzuschneiden, und Arruza umkreiste die Arena und hielt triumphierend seine Trophäen hoch.

Es war ein wundervoller Kampf, aber wir wußten, daß Canitas am Vortag doch noch ein klein wenig anmutiger, kühner, selbstmörderischer gewesen war.

Nach Arruza kamen Parrita und Andaluz, beide gute Stierkämpfer, aber die Leute waren noch benommen vom ersten Kampf und schenkten ihnen nicht viel Aufmerksamkeit. Als Arruza herauskam und auf seinen zweiten Stier wartete, applaudierten die Leute wie rasend, aber im Grunde erwarteten wir nicht, daß er mehr bieten würde; es ist selten, daß ein Stierkämpfer bei beiden Stieren eine erstklassige Leistung schafft.

Der Stier war ein monströses Geschöpf, und Arruza studierte ihn einige Augenblicke von seinem Platz hinter der Barriere aus. Dann schritt er unsicher in die Arena und stand geneigt da und hob die Hand an seinen fiebernden Kopf und preßte seine Finger gegen die heißen Schläfen, doch als der Stier herankam, nahm er sich zusammen, entfaltete die *capa* vor der Nase des Tieres und schwenkte es mit einer Reihe klassischer *verónicas,* die der Menge große ›Olés!‹ entlockten, an sich vorbei. Dann, nach ein paar Augenblicken, schrien sie gellend »Nein! Nein!«; während er den Stier mit dem anmutigen Schmetterlingsschwenk schwenkte, ihn so nahekommen ließ, daß es jedesmal schien, als würde er erwischt und von einem der riesigen nadelspitzen Hörner aufgespießt.

Es war Zeit für die Banderillas, und Carlos placierte die drei Paare von Stäben mit den Widerhaken großartig, lief dem angreifenden Stier genau entgegen, und stieß sie mit hoch erhobenen Armen ins Widerrist, wobei er sich im letzten Bruchteil einer Sekunde zur Seite drehte, um den Stier vorbeisausen zu lassen. Dann bat er den *presidente* um die Genehmigung, sein Leben bei einem weiteren Paar riskieren zu dürfen. Sie wurde erteilt, und Carlos wählte eine unmögliche Methode, sie zu placieren: Mit dem Rücken zur Wand reizte er den Stier, »Uh-huh Toro! Uh-huh-huh!«, und stand ruhig da, beobachtete, wie er mit gesenkten Hörnern auf ihn zuraste. Als das wütende Tier sechzig Zentimeter entfernt war, hob Carlos die Arme, stieß die Banderillas in die richtige Stelle, duckte sich zur Seite, wobei das linke Horn seine Brust streifte, während der Stier in die Barriere krachte.

Die Trompete blies zum Tod; mit dem purpurnen Fetzen und dem verbogenen Degen in der Hand widmete Carlos den Stier, der Menge mit erschöpften, blinden Augen gegenüberstehend. Dann ging er zur letzten Runde hinaus.

Sein erster Schwenk mit der *muleta* war der »Todesschwenk«, der so heißt, weil so viele Stierkämpfer bei ihm selbst den Tod finden. Carlos rief den Stier aus einer Entfernung von gut sechs Metern, und als er vorbei*whuuschte,* blieb er vollkommen bewegungslos und gerade stehen, ließ den Stier entscheiden, ob er in das Tuch oder in seine Beine krachen wollte. Immer noch regungslos, ließ er den Stier dreimal wenden und neu angreifen. Dann beschloß Arruza, einen selbst erfundenen Schwenk auszuprobieren – die *Arrucina.* Die *muleta* wird so hinter dem Rücken gehalten, daß nur ein kleines Stück des trügerischen Tuches zu sehen ist, und der

Stier den gesamten Körper als Zielscheibe vor sich hat. Als er die *muleta* hinter sich führte und die Leute begriffen, was er vorhatte, schrien sie wieder »Nein! Nein! Nein!«, aber der Stier hatte bereits angegriffen, und irgendwie verfehlten seine Hörner Carlos um Zentimeter. Doch als er es von der anderen Seite wieder versuchte, faßte das rechte Horn um Arruzas Bein, und der Stier schleuderte ihn hoch in die Luft. Er wirbelte irgendwie am Horn herum, so daß er, als sein Körper zur Erde krachte, der Länge nach zwischen den Vorderbeinen des Tiers lag, den Kopf zwischen den unheilvollen Hörnern. Die Leute hielten die Hände vor die Augen, doch bevor die Nadelspitzen die bewegungslose Gestalt finden konnten, faßte Carlos nach oben und umklammerte den Hals des Tieres mit eisernem Griff. Der verwirrte Stier drehte und drehte sich. Schließlich schleuderte er den Nacken kraftvoll hoch, warf den Mann wie eine Stoffpuppe vier Meter weit von sich auf die Erde, doch bevor er angreifen konnte, waren Arruzas Männer zwischen ihnen und hatten die Aufmerksamkeit des Stieres auf sich gelenkt. Arruza taumelte trunken hoch und stand schwankend, geschunden, betäubt da, das Kostüm in Fetzen, aber wie durch ein Wunder unverletzt. Er nahm seinen Degen und das Tuch auf.

»*Fuera!* gellte er seinen Banderilleros entgegen. »Raus aus der Arena!« Die erstaunten Männer traten einige Meter hinter ihn zurück.

Arruza wirbelte zu ihnen herum und knurrte: »*Fuera,* habe ich gesagt! Laßt mich mit ihm allein!«

Als sie alle die Arena verlassen hatten, wandte sich der Matador ruhig zu dem Stier um, der den Boden stampfte und ihn aus einer Entfernung von gut drei Metern studierte; er ging auf die Knie und rutschte zentimeterweise auf das Tier zu. Der Stier trat unruhig von einem Huf auf den anderen, und die Menge keuchte, im festen Glauben, er würde angreifen.

Doch er tat es nicht; es war, als wäre er hypnotisiert und gebannt von dem ungeheuren tierischen Mut dieser knienden Menschenkreatur, und Arruza rückte immer näher, blickte den Stier an, bis er direkt in seinem Gesicht ankam.

Und dann, das Maul des Tieres berührte ihn fast, beugte er sich vor und legte den Ellbogen auf die Stirn des Stieres!

Er drehte sich um und blickte, mit den Nüstern des Stieres an seinem Rücken, zur Menge hoch. Wir hatten Angst zu schreien, aus Furcht, der Lärm würde den Stier zum Angriff reizen, doch als er sich wieder dem Stier zugewandt und ihn, immer noch auf den Knien, viermal an sich vorbeischwenkte, ihn jedesmal gegen seine Schulter wirbelte, brach ein großes Gebrüll aus unseren Kehlen. Und dann, plötzlich, stand Carlos wieder auf den Beinen und schleuderte sich selbst über die Hörner hinweg und versenkte den Degen bis zum Heft zwischen den Schultern des Stieres, während der Stier taumelte und sein Rumpf rückwärts in den Sand krachte.

Ein Delirium erfaßte die Plaza, und der *presidente* wedelte mit dem Taschentuch nach einem Ohr, noch einmal nach zwei Ohren, noch einmal nach dem Schwanz, noch einmal nach einem Huf – *und noch einmal nach einem weiteren Huf, zum erstenmal in der langen Geschichte des Stierkampfes!*

So bekam Arruza die Medaille und wir unser Fest, doch unser gefeierter Gast ging früh. Er mußte nach Valencia eilen, zu einem Kampf am nächsten Tag.

Rainer Maria Rilke
(1875–1926)

Der Dichter, der nie im Leben eine Corrida sah, diese aber in seinem Francisco Montes, Paquiro, einer Kardinalfigur des modernen Toreo gewidmeten Gedicht eindringlich zu verdinglichen weiß, mochte durch eine ausdauernde Spaniensehnsucht, aber auch durch die Verehrung von Goya und Ignacio Zuloaga, großer Maler des Toreo, an sein Motiv gekommen sein. Das Gedicht wird 1907 geschrieben, also fünf Jahre bevor der Dichter, seiner angeschlagenen Gesundheit zuliebe, und weil er wußte, wo es auf dem alten Kontinent dramatisch schön war, für einen halben oder ganzen Winter nach Ronda kam, Ort, von dem aus mit den Romeros und den letzten Dezennien des 18. Jahrhunderts die Neuzeit in der Geschichte des Toreo zu datieren ist.

Corrida

In memoriam Montez, 1830

Seit er, klein beinah, aus dem Toril
ausbrach, aufgescheuchten Augs und Ohrs,
und den Eigensinn des Picadors
und die Bänderhaken wie im Spiel
hinnahm, ist die stürmische Gestalt
angewachsen – sieh: zu welcher Masse,
aufgehäuft aus altem schwarzen Hasse,
und das Haupt zu einer Faust geballt,
nicht mehr spielend gegen irgendwen,
nein: die blutigen Nackenhaken hissend
hinter den gefällten Hörnern, wissend
und von Ewigkeit her gegen Den,
der in Gold und mauver Rosaseide
plötzlich umkehrt und, wie einen Schwarm
Bienen und als ob ers eben leide,
den Bestürzten unter seinem Arm.
durchläßt, – während seine Blicke heiß
sich noch einmal heben, leichtgelenkt,
und als schlüge draußen jener Kreis
sich aus ihrem Glanz und Dunkel nieder
und aus jedem Schlagen seiner Lider,
ehe er gleichmütig, ungehässig,
an sich selbst gelehnt, gelassen, lässig
in die wiederhergerollte große
Woge über dem verlornen Stoße
seinen Degen beinah sanft versenkt.

Gregorio Corrochano
(1882–1961)

Müßte ich einem Kritiker, besser: einem Essayisten der Corrida die Palme geben, würde ich sagen: Er kam aus Talavera (dem durch den Tod Joselitos, des Größten, geprüften) und hieß Gregorio – und es geschähe in Antonomasie zu Corrochanos längst geflügeltem Wort, mit dem dieser Niño de la Palmas ersten Auftritt in Madrid begrüßte: *Es de Ronda y se llama Cayetano* (nach Cayetano Sanz, dem elegantissimus). An der Tauromagie Joselitos ebenso geschult wie an der Tauromachie Domingo Ortegas, hat Corrochano Saison um Saison Fundamentales glasklar aus dem Ephemeren eines langen Kritikerlebens destilliert und in Texte umgesetzt, die Schulbücher abgäben, ließe sich Toreo über die Geometrie hinaus erlernen. Was ihn von ein paar Heutigen auch noch wohltuend unterscheidet: Statt wie diese sich an Toreros wahlweise öffentlich auf- und abzugeilen, zum Zweck einer gewissen Notorietät, die anders anscheinend nicht zu erreichen ist, steht Corrochano hinter dem Stupenden seines Themas zurück, versucht einfach, etwas im letzten Unerklärliches dennoch zu fassen.

Protagonist sein ist beschwerlich

Der Beruf des Toreros ist ein unbequemer. Mehr beschwerlich als gefährlich, denn während Gefahr gelegentlich auftritt und abgewendet werden kann, bleibt die Beschwerlichkeit konstant, eine unkündbare Begleiterin der Verantwortlichkeit des Protagonisten im Toreo. In seinen Anfängen begegnen dem, der Torero werden will, nur Gleichgültigkeit und Argwohn. Zu einem Torero braucht es zwei wesentliche Umstände: erstens, Torero sein (Begabung), und, zweitens, Torero sein können (Benehmen). Dieser zweiten Bedingung muß sich der Mann stellen, der einen Torero in sich trägt. Torero und Mann müssen im Gleichschritt miteinander gehn. Wenn einer vorausgeht, hat es der Mann zu sein, und er soll dem Torero den Weg auftun. Der Mann ist es, der die schwierigen Probleme des Toreros löst, das wissen die Toreros alle.

Schon ist der Junge, der Torero sein wollte, ein Protagonist geworden, *figura del toreo*. Was nun? Nun begreift er: Die Schwierigkeit, und mehr als das – lästig, mühsam, unbequem ist, sich als *Figura* halten zu können. Ruhm haben und Geld kostet Arbeit. Man muß mit Stieren kämpfen, die einem nicht behagen, mit jenen Toreros zusammen auftreten, die einem nach dem Rang trachten. Das aber ist die Geschichte eines jeden Meisters. Den ersten Platz behaupten, nicht indem man der Auseinandersetzung aus dem Weg geht, sondern im Kampf. Man darf sich nicht durch die Arenen schleifen lassen, muß vielmehr die Arenen schleifen. »Wieviele Corridas in Madrid? Ich will mehr als jeder andere. Wie viele an der Feria von Sevilla? Die sind für mich. Eine von Miura? Sie soll mir gehören. Der oder jener will auftreten? Nun denn, ich will mit ihm in der Plaza zusammenkommen.« Das sind die Fragen und die Antworten eines Protagonisten. Mit ausgewählten, rasierten Stierchen hinausgehn und mit Stierkämpferfritzen, die nicht im Wettbewerb, sondern durch Protektion zum Kämpfen kommen, das mag bequem sein. Aber es mindert das Interesse an dem Protagonisten herunter, der so vorgeht. Schlimmer noch: Es macht ihn richtig klein, denn wenn er auf keinen Wettbewerb stößt, gibt er nicht alles, was er geben kann, und damit schadet man dem Torero wie dem Toreo. Ich fürchte, wir haben große Toreros verpfuscht, ja verpaßt.

John Steinbeck
(1902–1968)

Der Schriftsteller aus Kalifornien holte seine Kenntnisse und Erkenntnisse in Sachen Stierkampf vorwiegend in Mexiko. Was seinen prinzipiellen Bedenken, schließlichen Einwänden nichts von ihrer Schärfe nimmt – und es gibt auch kaum einen Sinn, Steinbeck seine Irrtümer in bezug auf Vietnam dagegen aufzurechnen. Daß der Mensch irrt, macht, so er welche hat, seine Größe und im Stierkampf das Drama aus. Ließen sich Steinbecks Fragen wenigstens als Denkanstoß in den *planeta de los toros,* in die wirklich betroffenen Kreise tragen, sie möchten weniger ruhig schlafen. Doch keine Sorge, nicht einmal Hemingway, der ein Stück Leben und einen guten Geist darauf verwandte, gestatten sie in diesen Dingen eine kompetente Meinung. Ausgleichende Gerechtigkeit: Der Fall kam hier schon vor dem Hochmut.

Ich sah sogar Manolete

Es gibt aber eine Betätigung, die nur Angelsachsen als Sport betrachten und hassen und herdenweise besuchen. Das ist der Stierkampf.
Bei ihm habe ich den vollständigen Lehrgang absolviert, gelesen, studiert, beobachtet und daran teilgehabt. Vom ersten Entsetzen kam ich zur sterblichen Schönheit, zur Form und Außerordentlichkeit einer *verónica bis zur faena.*
Ich habe zahlreiche Stierkämpfe gesehen (Kämpfe nennt man sie nur im Englischen). Ich sah sogar Manolete einige Male kämpfen, öfter als Ernest Hemingway ihn sah. Und ich habe ein paar große und wundervolle Dinge in der Arena gesehen. Es gibt nur wenige, und man muß sehr viele Kämpfe sehen, bis man den einen großen sieht.
Aber ich nehme an, daß alle großen Dinge dieser Welt rar sind. Wie viele große Sonette gibt es? Wie viele große Stücke? Und wie viele große Weine?
Ich glaube, ich habe die meisten der möglichen Gefühle über Tauromachie durchgemacht und mich schließlich zu der erhabenen Meinung durchgerungen, daß die unvergleichliche Kühnheit des Matadors sich auf das Publikum irgendwie überträgt.
O! Das war nicht etwa blinde und dumme Verherrlichung! Ich trieb mich in den Arenen herum. Ich wußte von den untergewichtigen Stieren, den Sandsäcken auf den Nieren, den gekappten Hörnern und der gelegentlichen Barbituratnadel in der Schulter, wenn das Tor sich öffnete. Aber es gab auch den Augenblick dessen, was sie Wahrheit nennen, eine Erhabenheit, ein Heiligenschein des unbesiegbaren menschlichen Geistes und unaussprechlichen, wundervollen Mutes.
Und dann begannen sich Zweifel einzuschleichen. Die Matadore, die ich kannte, hatten vor dem Stier Seelen aus Toledostahl, doch vor ihren Impresarios waren sie zu Tode verängstigt, Wachs in den Händen ihrer Kritiker und unglaublich raffgierig. Vielleicht gaben sie dem Publikum ein bißchen Mut von einer bestimmten Art, aber nicht von der Art, die das Publikum und die Welt brauchten und brauchen. Ich warte noch auf den Stierkämpfer, der einen gefährlichen politischen Standpunkt ein-

nimmt, der eine moralische Schlacht kämpft, ohne daß die Hörner gekappt sind.

Mir dämmerte allmählich, daß dieser großartige Mut besser eingesetzt werden könnte als zum rituellen Abschlachten von Stieren am Nachmittag. Ein Ed Murrow, der aufsteht und sich dem Angriff eines rasenden McCarthy stellt, ein kleiner Neger mit Hühnerhals, der eine Wahlkabine in Alabama betritt, ein Dag Hammarskjöld, der in den Tod fliegt und es weiß – das ist die Art Mut, die wir brauchen, denn am Ende sind es nicht die Stiere, die uns besiegen werden, fürchte ich, sondern unser eigenes erbärmliches, feiges und habsüchtiges Ich.

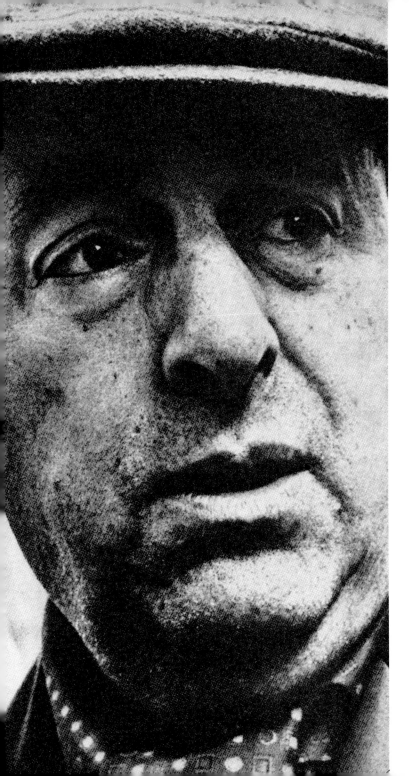

Pablo Neruda
(1904–1973)

Corrida, Fest und Kunst und metaphysischer Schrei des Volkes. Unter dem *apodo* Pablo Neruda kämpfte der Chilene Naftali Ricardo Reyes Basualto für sein eigenes Volk und alle Entrechteten dieser Erde. Der tellurische Pablo, der elementare Frische aus den reinen Quellen trank, die bei den Erschütterungen seines Kontinentes aufsprangen, in allen *tercios* wußte er ein unerschöpfliches Repertoire mit der stoischen Tiefe seiner araukanischen Ahnen zu verbinden, und er schmückte den radikalen Stil mit tremendistischen *adornos.* War ehedem der große Torero nach dem König der Zweite im Lande, so wäre Neruda, hätte er gewollt, Präsident seines geschundenen Volkes geworden. Von seinen *reapariciones* die strahlendste: 1971, als er in Stockholm vor der Welt in den Nobel-Stand gesetzt wurde. Zwei Jahre darauf trat er in Santiago gegen ein Monster von einem Bullen an, dessen diktatorisches Hintergestell auf CIA-Füßen in USA stand. Sie trugen den aus vielen *cornadas* Blutenden noch in die *enfermería* von Isla Negra, wo in seinem Garten die steinernen Galionsfiguren zu weinen begannen, da er erlosch. Mit seinem Gedicht über den Stier hat Pablo eine österliche *faena* in die weißesten Seiten der Poesie gelegt. Keinem *aficionado* wird die aus dem Sinn gehen.

Stier

Zwischen den Wassern des Nordens und denen des Südens
Spanien lag ausgedörrt,

dürstend, zerfleischt, wie eine Trommel gespannt,
mondtrocken war Spanien,
es war nötig schnell zu bewässern, bevor es verbrennt,
alles war gelb schon,
von einem alten festgetretenen Gelb,
alles war schon aus Erde,
nicht einmal die tränenlosen Augen weinten

(es wird die Zeit des Weinens schon kommen)
seit Ewigkeit kein Tropfen Zeit,
tausend Jahre ohne Regen vergingen bereits,
die Erde bedeckte mit Schrunden sich
und dort in den Spalten die Toten:
ein Toter in jedem Spalt
und es regnete nicht,
aber es regnete nicht.

Da wurde der Stier geopfert.
Sogleich erschien ein rotes Licht
wie des Mörders Messer
und dieses Licht breitete sich aus von Alicante her,
wurde blutgierig in Somosiera.
Die Kuppeln glichen Geranien.
Alle Welt blickte nach oben.
Was geschieht da? fragten sie.
Und inmitten der Furcht
zwischen Geraun und Schweigen
einer, der es wußte,
sagte: »Das ist das Licht des Stieres.«

Sie bekleideten einen bleichen Landmann
in Blau mit Feuer, mit Amberasche,
mit Zungen von Silber, mit Wolke, Zinnober,
mit Augen aus Smaragd und Schweifen aus Saphir,
und anrückte das bleiche Wesen gegen den Zorn,
vorrückte der Arme als Reicher gekleidet, zu töten,
in Blitz gekleidet, zu sterben.

Da fiel der erste Tropfen Blut und erblühte,
Blut empfing die Erde, und sie zehrte es auf

wie ein schreckliches heimliches Tier, das nicht satt werden kann,
sie wollte kein Wasser zu sich nehmen,
ihr Durst wechselte den Namen
und alles färbte sich mit Röte,
die Kathedralen entzündeten sich,
bei Góngora erbebten die Rubine,
auf dem Stierkampfplatz, wie eine Nelke rot,
wiederholte sich in Schweigen und Wut das Ritual,
und dann lief der Tropfen mundabwärts,
zu den Quellen des Bluts,
und so geschah es, so vollzog sich die Zeremonie,
der bleiche Mensch, der fortreißende Schatten
des Tiers und das Spiel
auf Tod und Leben unter dem blutigen Tag.

Ausgewählt war unter allen der Feste,
die von Wogen der Frische gekräuselte Reinheit,
die tierische Unbescholtenheit, der grüne Stier,
der gewöhnt an den herben Tau,
ihn bezeichnete der Mond in der Herde,
wie man einen ruhigen Kaziken erwählt, so wurde er ausgesucht.
Hier ist er, berghaft, füllig, und
unter dem Halbmond der scharfen Hörner sein Blick
weiß nicht, begreift nicht, ob dieses neue Schweigen,
das ihn da zudeckt, ein Zeugungsmantel aus Köstlichkeiten ist,
oder ewiges Dunkel, Maul der Katastrophe.
Bis endlich das Licht dann sich auftut wie eine Tür,
und eindringt, härter als Schmerz, ein Glanz,
ein neues Geräusch wie Säcke voll rollender Steine
und im unendlichen Rund aus priesterlichen Augen
ein zu Tode Verdammter, der bei diesem Treffen
das eigne Erschauern eines Türkis trägt,
eine Regenbogentracht und einen winzigen Degen.

Ein winziger Degen mit seiner Tracht,
ein kleiner Tod mit seinem Mann,
auf offenem Rund, unter der gnadenlosen Orange
der Sonne, vor Augen, die nicht ansehn,
auf dem Sand, verloren wie ein eben Geborener,
der seinen langen Tanz da vorbereitet, seine Geometrie.
Dann wie das Dunkel und wie das Meer
brechen des Stiers wütende Schritte los
(schon weiß er, schon ist er nichts als seine Kraft)
und die bleiche Puppengestalt verwandelt sich in Vernunft,
die Klugheit unter ihrem goldenen
Gewand sucht, wie sie tanzen kann, wie sie töten kann.

Sterbend muß der Soldat aus Seide tanzen.

Und entrinnt er, wird er eingeladen in den Palast.

Er hebt einen Becher in die Höhe und denkt an seinen Degen.

Wieder glänzt die Nacht der Angst und ihre Sterne.

Leer ist der Becher so wie die Arena zur Nacht.

Die Herren möchten anfassen, der mit dem Tod da kämpft.

Glatt ist wie eine sanfte Mandel das Weib,
aus Fleisch und Knochen und Haar die Struktur,
Koralle und Honig vereinen in ihrer langen Nacktheit sich
und Mensch und Hunger eilen, die Rose zu verschlingen.
O Blüte! Das Fleisch steigt in einer Woge auf,
das Weiße eilte seine Kaskade hinab
und in einem Kampf mit blanker Waffe streckt der Reiter sie,
    die Waffe,
wobei er am Ende fällt, bedeckt mit blühender Unschuld.

Das Pferd, dem Feuer entronnen,
das Pferd des Rauchs,
kam auf dem Stierplatz an, es naht wie ein Schatten,
so wie ein Schatten den Stier erwartet,
der Reiter ist ein dunkles
plumpes Insekt,
es hebt auf dem schwarzen Pferd seinen Stachel empor,
da leuchtet die schwarze Lanze, er geift an,
springt ab,
in Schatten vestrickt und Blut.

Aus dem tierischen Dunkel tönt das sanfte Gehörn,
das in einem leeren Traum zur bitteren Weide kehrt,
nur ein einziger Tropfen drang in den Sand,
und anderes Blut, das Blut des bleichen Soldaten:
seidenloser Glanz durchdrang die Dämmerung,
die Nacht, die metallische Kälte der Frühe.

Alles war beschlossen. Alles wurde verbraucht.

Rot wie die Feuersbrunst sind die Türme Spaniens.

Kenneth Tynan
(* 1927)

Der englische Dramaturg, Schauspieler, Regisseur und Kritiker Kenneth Tynan gehört zu den profiliertesten Theaterleuten der Gegenwart. Ihn fesselte vor allem die Dramaturgie der Corrida, Aufbau und Ablauf des Dramas. In seinem Buch *Bull Fever* analysierte er diese sorgfältig, kennerisch und einleuchtend auch für Nichteingeweihte. Setzte sich dann mit El Cordobés auseinander. Der fegte, unaufhaltsam verwüstender Tornado, durch das tauromachische Spanien der sechziger Jahre. Der reine Betrug, von vorne und hinten, vor einem promiskuitiven, verunsicherten, verirrten Publikum, aber einträglich. Und beitragend zur restlosen Konsolidierung der Impresarien-Mafia, die alles verheert. Von den Sturmschäden, die hier zurückgelassen wurden, kann sich die *Fiesta de los toros,* wenn überhaupt, nur sehr schwer, sehr langsam erholen. Versteht sich, daß Kenneth Tynan nach der Begegnung mit der Schuljungen-Diva aus Palma del Rio neben dem lachenden ein sehr tränendes Auge zurückblieb.

El Cordobés – und der Tremendismo

Ich ging nach oben, um den Maestro zu treffen. Es war neunzig Minuten, bevor er sich in die Arena von Valencia begeben mußte. Das Hotelfoyer war gedrängt voll und die Straße draußen unpassierbar. »*Madre de Dios!*« sagte der Fahrstuhlführer. »So wird das Ende der Welt sein.« Chopera führte mich in das noch verdunkelte Schlafzimmer: El Cordobés hatte am Vortag in Frankreich gekämpft, und es waren eine Flugreise und eine nächtliche Autofahrt nötig gewesen, um ihn diesen Morgen nach Valencia zu bringen. Er saß lächelnd auf dem ungemachten Bett und war nackt bis auf ein Suspensorium und ein goldenes Medaillon um den Hals. Später erfuhr ich, daß es beidseitig tragbar war, mit einer spanischen Jungfrau Maria auf der einen Seite und einer mexikanischen Jungfrau Maria auf der anderen, wodurch es sehr zweckmäßig übernatürliche Gnade mit guten hispanoamerikanischen Beziehungen verband. Er redete lautstark mit zwei anderen Journalisten und lachte viel – das ordinäre Lachen eines Straßenjungen, anbiedernd und durchtrieben. Im Hintergrund legte sein Diener das Kostüm zurecht.

Man sprach über Gewohnheiten und Hobbys. Er sagte, er trinke Wein beim Essen, rauche ein bißchen, singe viel zu seiner Gitarre und gehe auf Jagd, wenn er allein sein wolle. Er besitze zwei Mercedes, ein Privatflugzeug, ein Gut bei Cordoba, Wohnungen in Madrid und Jaen, und er sei gerade dabei, eine Stierfarm zu kaufen. (Chopera sucht bereits die Stiere aus, mit denen er kämpft, besitzt viele der Arenen, in denen er mit ihnen kämpft, und diktiert den Matadoren, die mit ihm kämpfen, buchstäblich die Bedingungen: Wenn El Cordobés beginnen wird, mit seinen eigenen Stieren zu kämpfen, hat sich der Kreis geschlossen. M. C. A., überlegte ich, hatte es nie so gut.) Jemand fragte, ob er die Absicht habe zu heiraten. Ein breites Lächeln und ein heftiges Kopfschütteln. »Aber Sie werden von Tausenden von Mädchen belagert«, sagte einer der Journalisten. »Haben Sie niemanden, der Ihnen besonders nahesteht?« »Doch«, sagte El Cordobés zwinkernd, »den Stier.« Wer denn sein Lieblingsfilmschauspieler sei? »El Cordobés«, rief El Cordobés und lachte wie ein Affe.

Nun mischte ich mich ein und spulte nervös einige traditionelle Fragen über Stiere ab. Welche Matadore ihn beeinflußt hätten? »*Pues*« – ein riesiges Schulterzucken – »Manolete.« (Fragen Sie eine traditionelle Frage und Sie bekommen eine traditionelle Antwort.) Ob er je Manolete kämpfen gesehen hätte? »Nein.« Wie dann . . . ? »Er sah Filme«, sagte Chopera schnell. Ich fragte ihn, was für Bücher er lese, eine Frage, auf die die meisten Matadore immer zwei Antworten parat haben: entweder »Comics und Thriller« oder »Die großen Werke der spanischen Literatur und Philosophie.« El Cordobés lieferte eine dritte: »Überhaupt keine.«

Es war fast an der Zeit, daß er sich ankleidete. Er war immer noch aufmerksam, aber von einer Unruhe, die ansteckend war – wie ein Jazz-Schlagzeuger, der zu spät zu einem Einsatz kommt. Vor dem Gehen stellte ich eine abschließende Frage, die mich durch ihre Direktheit selbst verlegen machte. »Außerhalb der Arena«, fragte ich, »haben Sie da Angst vor dem Tod?« Er blickte einen Augenblick verwirrt. »Ich denke nie daran«, sagte er. Dann, in einem plötzlichen Anfall von Heiterkeit: »Ich werde ewig leben!«

Miguel Cervantes Saavedra
(1547–1616)

Im gleichen Jahr wie William Shakespeare verlor die Welt Miguel Cervantes. Doch fing sie an, wie in Hamlet, Othello oder König Lear, sich in dem scharfsinnigen Edlen Herrn Don Quijote auf immer wiederzuerkennen. Das menschliche Streben schlechthin hat in diesem Archetyp spanischer Fervenz unvergängliche Gestalt angenommen. Einem Torero braucht man das nicht anzudienen und nicht anzudichten: Jeder Torero ist ein Don Quijote – der eine mehr siegreich, nur närrisch ein anderer, ein grausam verhöhnter der dritte. *Ilusión,* Schlüsselwort hier wie dort, und es deckt einen nicht geringfügigen Teil der afición ab.

Wie so viel Abenteuer auf Don Quijote einstürmten, daß eines dem andern gar keinen Raum ließ

Don Quijote also, wie gesagt, mitten auf dem Wege haltend, ließ die Lüfte von folgenden Worten widerhallen: »O ihr Wanderer und Wegefahrer, Ritter, Schildknappen, Leute zu Fuß und zu Roß, die ihr dieses Weges kommt oder in den zwei nächsten Tagen kommen werdet! Wisset, daß Don Quijote von der Mancha, ein fahrender Ritter, hier auf dieser Stelle hält, um seine Behauptung zu verfechten, daß alle Schönheit und Liebenswürdigkeit der Welt übertroffen wird von derjenigen, so an den Nymphen glänzet, welche diese Gefilde und Haine bewohnen, ausgenommen allein die holde Dulcinea von Toboso, die Gebieterin meines Herzens. Darum und von dessentwegen, wer entgegengesetzten Sinnes ist, der komme her, hier bin ich seiner gewärtig.«

Zweimal wiederholte er diese nämlichen Worte, und beide Male wurden sie von keinem abenteurnden Ritter vernommen. Jedoch das Schicksal, welches seine Angelegenheiten vom Guten zum Besseren lenken wollte, fügte es so, daß sich gleich nachher auf der Landstraße eine Menge Leute zu Pferd sehen ließen: viele von Ihnen mit Speeren in den Händen, ritten sie alle in einem dichten Haufen und in größter Eile dahin. Kaum hatten Don Quijotes Begleiter jene erblickt, als sie die Flucht ergriffen und sich weit von der Straße entfernten; denn sie sahen wohl, daß sie sich einer großen Gefahr aussetzten, wenn sie zögerten. Nur Don Quijote hielt stand mit unerschrockenem Herzen, Sancho aber deckte sich mit Rosinantents Kruppe wie mit einem Schild. Der Trupp der Speerträger kam näher, und einer von ihnen, der voranritt, rief Don Quijote mit lauter Stimme zu: »Mach dich aus dem Wege, du Teufelskerl, sonst werden dich die Stiere dort in Stücke zerstampfen!«

»Ha, Gesindel!« erwiderte Don Quijote, »was gehen mich eure Stiere an, und wären es auch die wildesten, die der Jarama an seinen Ufern züchtet. Bekennet, ihr Schurken, jetzt gleich, bekennet alle auf einen Schlag, daß Wahrheit ist, was ich hier verkündet habe; wo nicht so, so sage ich euch Fehde an.«

Der Ochsentreiber fand keine Zeit, zu antworten, und Don Quijote keine, um vom Wege zu weichen, wenn er auch gewollt hätte, und die ganze Herde der wilden Stiere und der zahmen Leitochsen, nebst der Menge von Treibern und andern Leuten, welche die Tiere an den Ort führen wollten, wo am nächsten Tage ein Stiergefecht sein sollte, überrannten Don Quijote und Rosinante, Sancho und den Esel und warfen sie alle zu Boden, daß sie über das Feld hinkugelten. Sancho war wie gerädert, Don Quijote von Entsetzen betäubt, der Esel zerschlagen und Rosinante nicht im besten Zustand; doch endlich rafften sie sich alle wieder auf, und Don Quijote begann in großer Hast, bald stolpernd und bald zu Boden stürzend, der Ochsenherde nachzulaufen und laut zu schreien: »Haltet stand und wartet, schurkisches Gesindel! Ein Ritter allein stellt sich euch, und der ist nicht so geartet und nicht so gesinnt wie die Leute, die da sagen: Man muß dem fliehenden Feind eine goldene Brücke bauen!«

Aber die eilig hinstürmenden Treiber ließen sich dadurch nicht aufhalten und machten sich aus seinen Drohungen nicht mehr als aus den Wolken vom vorigen Jahr.

Vicente Aleixandre
(* 1898)

Als es im Jahre 1977 wieder einmal einen Spanier treffen durfte, hätte manch einer für sich vielleicht – von der dichterischen Statur her, vom Jahrgang, vom Ausharren – auf Rafael Alberti getippt, auf den realen statt auf den inneren Emigranten, auf den Phantasten statt des Mythikers, auf den hellen Gaditaner statt auf den dunklen Sevillaner. Glücklich war die Wahl in jedem Fall, und sie brachte darüber hinaus ein paar Schweizer Feuilleton-Redakteure zum verwunderten Aufschrei: Aleixandre, ja wer ist denn das? Dabei hatte dieser an der Küste Malagas bereits ein halbes Jahrhundert lang Werk um Werk Kosmos und Leidenschaft, Außen- und Innenwelt, Romantik und Surrealismus zu einem dichten Ideogramm aus Leben und Tod verwoben. Ein Vates, ein Seher, ein Prophet, »der zum ursprünglichen im Menschen spricht ... an das Unvergängliche in ihm sich wendet.«
Mano inmensa que cubre celeste toro en tierra: Jedenfalls kenne ich einen, der, – Holz greifen! – ein Glied daran gäbe, die Schlußzeile aus Aleixandres Gedicht *Toro* geschrieben zu haben.

Stier

Diese Lüge oder Gezücht.
Hier, Rüden, schnell; Taube, flieg; brich hervor, Stier
Stier aus Mond oder Honig, der nicht angreift.
Hier, schnell; entflieht, flieht; ich will nur,
will einzig nur den Rand des Kampfes.

O du, herrlichster Stier, überraschtes Fell,
blinde Sanftheit wie ein Meer ganz nach innen,
Ruhe, Kosen, Stier; Stier mit hundert Kräften,
Vor einem Wald, wie angenagelt vor Schrecken am
Rande.

Stier oder Welt, die nicht,
die nicht brüllt. Schweigen;
Gedehntheit dieser Stunde. Horn oder prunkvoller Himmel,
schwarzer Stier, der Kosung erduldet, Seide, Hand.

Empfindsame Zärtlichkeit auf einem Fell aus Meer,
gleißendes warmes Meer, mächtiges sanftes Kreuz,
staunende Verlassenheit dieser Masse, die ihre
fast kosmischen Kräfte auflöst wie Sternenmilch.

Hand, unermeßliche, die den himmlischen Stier auf
Erden verbirgt.

José Bergamín
(* 1898)

Mit seiner »Kunst der Zauberei«, mit »Statue des Don Tancredo«, mit anderen Essays, Aphorismen, Fragmenten hat der noch im letzten Jahrhundert geborene Dichter und Denker José Bergamín der Stierkampfpassion ein Fadenkreuz gegeben. Doch das Philosophieren sollte ihn nicht davon abhalten, noch in höchstem Alter von Madrid nach Sevilla zu pilgern, wenn es einen Stierkampflehrling, einen *novillero* zu entdecken gab – vielleicht den Messias, vielleicht eine Sternschnuppe. Der letzte Heiland, bei dem Bergamín, wie das Gros der *aficionados,* aufs falsche Pferd setzte, war vor einem Jahr Pepe Luis, Sohn des unvergessenen Puristen Pepe Luis Vázquez aus Sevilla, der, nachdem er die verwegensten Hoffnungen geweckt und genährt hatte, mit den Folgen einer Hornwunde fürs erste kläglich absackte in die Finsternis des *no event.*

Fragmente

Der Stier erzittert bis ins Geringste seines Seins in der gewaltigen Vollkraft seiner raschen Wucht; denn der Stier überschätzt seine Kraft nie; im Gegenteil: er gibt sie in der gezielten und geraden Heftigkeit seines Angriffs zu erkennen. Der Stier verachtet alles, was nicht genauer und lichter Widerspruch wäre.
In seinem dunklen Ungestüm besiegt ihn nur die heftige Leidenschaft des Purpurs, der ihn täuscht: die Intelligenz. Und die feurige Freude des Degens aus lebender Flamme, die ihn verwundet: das Licht.

Der Torero ist keine Maske. Er ist ein ins Licht Verkleideter. Muß man brennen, um sich zu verzehren – oder muß man sich verzehren, um zu brennen? Die Feuerbanderillas sind die der echten geistigen Prachtentfaltung: so sehr der Stier auch brenne, man muß ihn weiter sengen; muß, in der forschen Verfolgung der Wahrheit, sein Feuer mit dieser schönen und grausamen religiösen Reminiszenz unterstreichen. Immer und immer wieder wird man die Wahrheit nackt und lebendig zu verbrennen haben. Es ist ein Akt des Glaubens: an die Kunst, an das Spiel, an Gott.

Getäuscht von der blutigen Tunika, stirbt der Stier, wie ein betrogener Gott, eingerollt in den Rock seines eigenen Blutes, während das letzte violette Licht und das ultraviolette – das der Intelligenz –, unschuldige Ursache seines Todes, im Mythos der Sonne erlischt. Yole weint; Herkules lacht trübselig aus seiner Hölle.

Robert Graves
(* 1895)

Ein großer alter Mann, dieser Robert Graves, der einen Teil seines Lebens auf Lehrstühlen in Kairo und Oxford, einen anderen auf Mallorca verbrachte. Ich weiß nicht, ob er noch am Leben, gewiß aber ist, daß er englische Literatur dieses Jahrhunderts mitgeschrieben hat. Sein Buch über den ersten Weltkrieg rühmte man dem Urenkel des deutschen Historikers L. v. Ranke, der als Offizier in Frankreich aktiv gewesen war, als eines der besten Kriegsbücher nach. Ruhm brachten ihm auch historische Romane – fiktive Memoiren – wie »Ich, Claudius, Kaiser und Gott«. Sicher auch, daß er, im »Goldenen Zeitalter« der Tauromagie, bessere Corridas sah als wir heute. Seine Enttäuschung über den Niedergang ist nachfühlbar, doch wie er wollen wir Wunder nicht ausschließen. Im Verhältnis zur jeweils vergangenen Epoche war Stierkampf immer als dekadent beschrieben worden, immer mußte ein Wunder ihn retten. Wunder sind gar nicht so selten hier, sie gehören schon fast dazu: *ilusión!*

Der Niedergang des Stierkampfs

Das ist der eigentliche Haken! Den Niedergang des Stierkampfes kann man beruhigt dem enormen Touristenzustrom anlasten. Die meisten unter den alljährlichen Besucher-Millionen würden sich für verrückt halten, wenn sie die Corrida von ihrem Programm strichen. Sie kommen nicht, um Sport zu sehen; sie vermögen die Kunst nicht zu würdigen; sie wollen dem Schauspiel beiwohnen. Und als Schauspiel bleibt die Corrida großartig; die wohlberittenen alten Alguazils in der Tracht des sechzehnten Jahrhunderts, die schlanken Matadore in kostbar besetzten Jacken und Hosen, die stämmigen Picadores mit ihren hohen Stiefeln und breitkrempigen Hüten, die bunten Seiden*capas,* die Trompeten, die Kapelle, die *paso dobles* spielt, und der schwarze Stier, der plötzlich quer durch den Sand losstürmt... Touristen wollen Geld ausgeben, und es wäre dumm, ihnen diese romantische Vision vom alten Spanien vorzuenthalten. Die spanische Regierung hat den Stierkampfarenen geholfen, indem sie viel von der Grausamkeit abschaffte, die einst zur Corrida gehörte. Zuerst wurden die Mastiff-Doggen fallengelassen; sie waren früher darauf abgerichtet, Maul und Genitalien des Stiers anzugreifen. Als nächstes wurden die dürren, völlig abgerackerten Pferde, die von den Picadores geritten werden, mit dicken gesteppten Decken ausgerüstet, die bis zu den Knien reichen. Ein aufgeschlitztes Pferd ist ein schockierender Anblick, und ein einziger Stier kann unter Umständen drei bis vier Pferde erledigen. Aber Touristen denken nie daran, daß die inneren Verletzungen, die ein Pferd erleidet, wenn ein Stier der Lanze ausweicht, dabei das gepolsterte Pferd in die Flanke trifft und dann wieder angreift, grausamer sein können als ein tödliches Aufspießen. Im übrigen hält man sie auch nicht davon ab, auf den Schutz der Steppdecke zu bauen; denn ohne die Touristen würden die Arenen nahezu leer bleiben. Sogar in Sevilla, der Heimat des Stierkampfes, läßt der Kartenverkauf nach, wenn die Frühlingsfiesta aufgehört hat, die teuren Matadore anzulocken.

Die Spanier unterstützen ihre nationale Fiesta nicht mehr mit ganzem Herzen. Aus alter Gewohnheit besuchen sie bestimmte angesehene Corridas, bei denen die besten Stiere eingesetzt werden und die Matadore ihr möglichstes tun. Ansonsten gehen sie auf den Fußballplatz und sehen sich moderne Sportarten für weniger Geld an. Ein schlechter Stierkampf ist die deprimierendste Unterhaltung der Welt. Doch in neun von zehn Fällen wird die kleine Schar von *aficionados,* die auf jede Wendung des Spiels entweder durch Beifall oder Spott rea-

giert, von der großen, aufgeregten, aber unwissenden Masse erdrückt. Nicht daß die *aficionados* immer verläßliche Richter wären. Ortega sagte einmal bitter: »Viele *aficionados,* aber keine Experten! Wenn ich in der Arena bin, wissen nur zwei, was vorgeht: der Stier und ich.«
Ich sah, wie Dominguín sich in Palma de Mallorca vor zwanzigtausend englischen, französischen, deutschen, schweizer und skandinavischen Touristen, verstärkt durch eine Abordnung von Soldaten der Sechsten US-Flotte, mit zwei schlechten Stieren abgab.
Gutgelaunt preßte er diesen Tieren noch das letzte Gran an Kampfeslust aus. Außerdem erklärte er sich bereit, die Besucher mit gefährlichen Zirkuskunststücken zu amüsieren: Er saß auf dem unteren Sims der Barrera und schwenkte den Stier von dort aus an sich vorbei, und anschließend stand er *telefoneando* auf, das heißt er stützte einen Ellbogen lässig auf die Stirn des ermatteten Tieres, so als telefonierte er mit einem Bekannten. Und doch ist dies derselbe Mann, der, mit tapferen Stieren und einem lebhaften und aufgeschlossenen Publikum in der Arena, ebenso nobel und unaufdringlich kämpft wie Belmonte und Ortega es jemals taten. Zu viele Matadore sind nur deshalb dabei, um zu Geld zu kommen, und es gibt zur Zeit keine *novilleros,* die zu außergewöhnlichen Erwartungen berechtigten. Aber Wunder können immer noch geschehen.

Juan Belmonte García
(1892–1962)

Mit Joselito teilt er eine unsichtbare Krone – jene, der Größte gewesen zu sein. Als 1920 ein Stier diesen so jung für immer mitnahm, habe der entschwundene Kontrahent ihn, Juan Belmonte, im Gedächtnis der Menschen für immer überholt, meinte er, der es überlebte, bis er, an Herzgeschichten laborierend, nicht weiter mehr wußte, als ein Testament zu redigieren und die Pistole im Mund zu entladen. Entschiedenheit bis ans Ende bei einem Halbgott, der sich, außer unter Stieren, am liebsten unter Künstlern und Intellektuellen bewegte, was seine Taten und seine Glorie ins Mythische wachsen ließ. Neben einem guten halben Dutzend Vorworten zu fremden Büchern hat Juan Belmonte im letzten ja auch seine Biografie geschrieben, die er dem Journalisten Manuel Chaves Nogales diktierte, die 1935 erstmals erschien und über viele Neuauflagen Juan Belmontes Bekenntnis verbreitete, vor jedem Stier Angst gehabt zu haben, so zur intensiven Reflexion über den Tod und – diese mit der *muleta* nachzeichnend – zu seinen großen *faenas* gekommen zu sein.

Die Angst des Toreros

Am Tag, an dem man kämpft, wächst der Bart stärker. Das ist die Angst. Ganz einfach Angst. In den Stunden vor der Corrida macht man so viel Angst durch, daß der ganze Organismus von heftigsten Schwingungen erschüttert wird, die imstande sind, Körpervorgänge anzuregen bis zu jenem Punkt, an dem sie jene Abnormalität hervorrufen, von der ich nicht weiß, ob die Ärzte sie zugeben werden, die hingegen alle Toreros in zwingender Weise erfahren konnten: An Kampftagen wächst der Bart schneller.
Und wie dem Bart ergeht es allem anderen. Von der Angst beflügelt, macht sich der Körper auf einen Gewaltmarsch. Kein Zweifel, man braucht weniger lange um zu verdauen, die Fantasie erregt sich, die Nieren scheiden mehr Harnsäure aus, sogar die Poren der Haut gehen auf, man schwitzt mehr. Das braucht man nicht zu drehen und zu wenden, es ist die Angst. Ich kenne sie gut. Sie ist mir eine intime Freundin.
Am Morgen eines Kampftages, wenn man noch schläft, kommt die Angst angeschlichen und richtet sich, lautlos, ohne einen zu wecken, an unserer Seite im Bett ein. Schon in der Nacht zuvor, strich sie, als man sich hinlegte, um einen herum, doch mit ein bißchen Fantasie und gutem Willen war es ein leichtes, sie aus dem Feld zu schlagen. Am Vorabend schlafe ich selig, mit dem einfachsten Ausweg der Welt: Ich beginne, an weit zurückliegende Dinge zu denken, die mir nicht viel bedeuten. Da man ja nicht gerade eine außerordentliche Einbildungskraft besitzt, gelang es mir, im Geist eine Art Fata morgana herzustellen, einen Film, immer der gleiche, mit dem ich die Fantasie in Schach halte, bis ich eingeschlafen bin. Es ist eine vergnügliche Abfolge von Bildern, die mich unterhalten und davon abbringen, zu viel an die kritischen Stunden des kommenden Tages zu denken. Diese Vogelscheuche in meinem Geist wirkt auf mich wie ein Wiegenlied bei Kindern.
Am Morgen dann ist Flucht nicht so leicht möglich. Die Angst kommt heimlich, ehe man erwacht, und da sie uns im Dösen zwischen Schlaf und Wachheit überrascht, wird sie Herr über uns, ehe wir uns gegen die Hinterlist zur Wehr setzen könnten.
Wenn der Torero, der an diesem Tag kämpfen muß, mit einem Auge über das Kissen blinzelt und das Licht, das durch die Ritzen dringt, ihn blendet, ist er schon jene unglückliche Beute der Angst. Sein Degenbewahrer, der ihn wecken muß, weiß das genau. Wenn es keinen großen Mann für seinen Zimmerburschen gibt – wo gäbe es

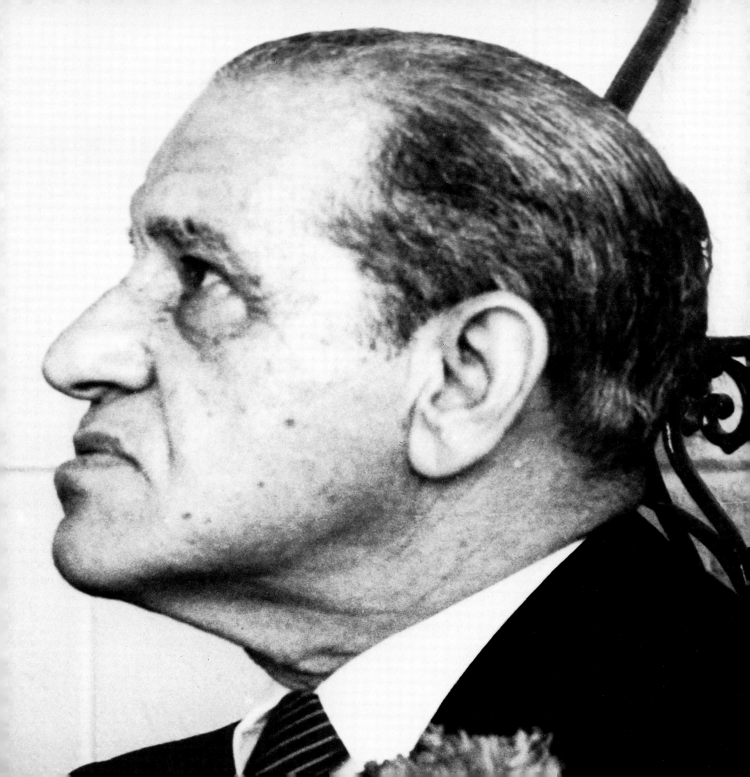

denn einen Torero, dessen Mut vor den Augen seines *mozo de espada* bestehen könnte.
- Gut. Schluß mit dem Stumpfsinn. Gehen wir kämpfen. Her mit dem Lichtgewand.
- Das ist es. Sich als Torero verkleiden und seine Haut aufs Spiel setzen, als hättest du, verdammt nochmal, das nötig.
- Nein, ich kämpfe, weil es mir gefällt.
- Und ob! Du weißt noch nicht einmal, was dir gefällt. Jetzt gerade würdest du am liebsten in die Prärie gehen und jagen, oder dich in Ruhe hinsetzen und lesen. Und es gibt so viele schöne Frauen auf der Welt! Heute Abend kannst du ausgestreckt auf dem Sand liegen, doch sie werden weiterhin schön sein und jene Männer glücklich machen, die mehr Besonnenheit haben als du.

Da es so weit kommt, sitzt man auf dem Bettrand, niedergeschlagen von einer tiefen Mutlosigkeit. Leise geht der *mozo* in dem Zimmer ein und aus und bereitet das umständliche Angeschirren des Toreros vor. Wie ein Automat läßt dieser geschehen, daß der Diener ihn nach Gutdünken herumschubst. Die Angst hat für den Augenblick das Patronat übernommen. Eine sehr mühsame Schwerfälligkeit, der Torero versucht die Angst zu bestechen.

- Ja, ich verstehe, du hast recht! Du wirst sehen... Das mit dem Kämpfen ist wirklich absurd, ich streite es nicht ab. Und wenn es sein muß, will ich sogar zugeben, die Lust aufs Kämpfen, die ich früher hatte, habe ich verloren. Nein, es ist entschieden, ich werde nicht mehr kämpfen. Wenn ich die Verpflichtungen dieser Saison erfüllt habe, trete ich ab.
- Und wie bildest du dir denn ein, du kämest aus all den Corridas, die dir noch bevorstehen, ganz heraus?
- Gut, ich will nur noch die zwei, drei Corridas kämpfen, die sich einfach nicht absagen lassen.
- Will heißen, in diesen zwei, drei Corridas kann ein Stier dich fertig machen.
- Genug. Ich bestreite nur noch die Corrida von heute nachmittag.
- Nun, auch heute kann . . .
- Fertig, habe ich gesagt, genug! Die Corrida heute mache ich, und wenn der Heilige Geist herunterkommt und mir sagt, ich werde nicht lebend aus der Arena kommen.

Müßte man die Verträge für die Corridas zwei Stunden vor dem Kampf unterschreiben, man kämpfte nicht. Man kämpft, weil man Verträge unterschreibt, Wochen und Monate, ehe sie erfüllt werden müssen. Da erscheint sie einem noch ganz unwahrscheinlich, die Stunde, in der man ins Rund hinauszugehn und Stiere zu töten hat. Doch die unabwendbare Stunde kommt immer!

Die Angst, die man in den Stunden, die der Corrida vorausgehn, durchmacht, ist schrecklich. Wer das Gegenteil sagt, lügt, oder er ist nicht ein vernunftbegabtes Wesen. Der Klang der Stimme ändert, wird dünner von Stunde zu Stunde, dein Charakter wird anders, und die verrücktesten Gedanken gehn dir durch den Kopf. Später, wenn man schon vor dem Stier steht, ist das etwas anderes. Der Stier läßt dir keine Zeit zur Selbstbefragung. Das Ausforschen des Stieres nimmt deine fünf Sinne in Beschlag. In der Arena gibt es nur einen Augenblick der Bewußtseinsklärung: die Zeit, die an die Banderillas geht. Während die Banderilleros mit dem Stier laufen, hat der Matador an der Barrera ein paar Minuten, zu überlegen. Was denkt der Torero da? Was er danach tun wird, entscheidet sich in diesem Augenblick dramatischer Meditation. Wenn er zu Degen und Muleta greift, tut er nur noch, was seinem Instinkt ein Unterbewußtsein aufgibt, dessen Befehle vorgängig vage erarbeitet wurden. Vor dem Stier gibt es nichts zu denken noch zu zweifeln. Denn die Manöver des Kampfes nehmen einen so voll in Anspruch, und es geht derart ans Lebende, daß, nach meinem Dafürhalten, wer sich nicht mit Entschiedenheit vor die Hörner des Stieres stellt, die Partie unweigerlich verloren hat.

Miguel Hernández
(1910–1942)

Que mala suerte que tienes, Josefina – was für ein Pech du doch hast, ließ er seiner Frau ausrichten, ehe sie ihn ausgehungert, zugemauert, umgebracht hatten im Gefängnis von Alicante, die Streiter Christi und für *España arriba,* Jahre nach dem grauenvollen Krieg unter Brüdern, den Spanier noch heute *Nuestra Guerra* nennen in jenem Brustton, der verrät, daß sie ihn, heimlich, gar offen, für etwas höchst Außergewöhnliches, nur in diesem Lande Mögliches, Hervorragendes, ja Achtunggebietendes halten. Was mit veränderten Vorzeichen, im Minus, auch stimmt. Ehe er ein Gewehr zur Hand nahm, ehe er in den Kerker kam, war Miguel, der Bauernjunge, der Hirt, der Makellose, in Madrids Avenidas auf Bäume gestiegen und hatte den heimischen Vogelsang von Orihuela gepfiffen – Pablo Neruda, der darunter stand, mochte sich kaum erholen. Als ein Aroma aus Musik schwebt er noch immer über ihnen, und die Stiere, deren er viele in Verse gegossen, sie weiden, hoch über Alicante, den Saum zwischen Himmel und Meer ab.

Dem Stiere gleich

Dem Stiere gleich, der Trauer zugetrieben,
dem Schmerz bestimmt, so tragen meine Weichen
die Frucht, die Männer macht, das Höllenzeichen,
ein Brandmal, wie's der Stierhaut eingeschrieben.

Dem Stier gleich bin ich hinter mir geblieben.
Mein Riesenherz kann an mein Herz nicht reichen.
Mein Antlitz flammt von Küssen, Liebeszeichen.
Dem Stiere gleich, so kämpf ich, dich zu lieben.

Dem Stier gleich kann ich Kraft um Wunden tauschen;
die Zunge in mein Herz zum Bade tauchen;
im Nacken hör ich eine Windsbraut rauschen.

Dem Stier gleich folg ich dir und will dich jagen.
Es wird auf deinem Degen mein Verlangen rauchen.
Dem Stiere gleich getäuscht, bin ich geschlagen.

Federico García Lorca
(1898–1936)

Vine a este mundo con ojos
y me voy sin ellos.
¡Señor del mayor dolor!
y luego,
un velón y una manta
en el suelo.

Quise llegar a donde
llegaron los buenos.
¡Y he llegado, Dios mío...!
Pero luego,
un velón y una manta
en el suelo.

F. García Lorca

Einer, der spürte, wie Corrida und *cante jondo* (was einmal Flamenco war) als ins Dramatische gesteigerter Ausdruck eines tragischen Lebensgefühles zusammengehören. Aus seinem Aufsatz über Theorie und Spiel des *duende* – jene treibende Kraft und letzte Instanz, die Stierkampf und Flamenco, wenn sie nicht getrickt sind, gemeinsam ist – seien die Passagen wiedergegeben, die den *duende*, den *angel*, den Geist, den Engel, den Dämon definieren, und jene, die sich mit dem tiefinneren Sang des Toreros im besonderen befassen.

Einen alten Meister der Gitarre hörte ich sagen: »*Duende* ist nicht in der Kehle; *duende* steigt innen auf, von der Fußsohle her.« Das heißt, hier geht es nicht um Können, sondern um wirklich lebenden Stil; das heißt, aus dem Blut, aus uralter Kultur, aus spontan vollzogenem Schöpfungsakt.

Dieses »unheimliche Wirken, das alle spüren, und das kein Philosoph erklären kann«, es ist, im letzten, Geist der Erde.

Der selbe Daimon schnürte Nietzsches Herz, da der ihn in seinen äußeren Ausformungen suchte, auf der Rialtobrücke oder in der Musik von Bizet, ohne ihn zu finden und ohne zu ahnen, daß der Daimon, dem er hinterher war, von dem geheimnisvollen Griechenland auf die Tänzerinnen von Cádiz gesprungen war, in den dionysischen, gemetzelten Schrei der *siguiríya* des Silverio.

Nein, der *duende,* von dem ich rede, ist, dunkel und erschauernd, Abkömmling jenes überschäumenden Daimons eines Sokrates, der, Marmor und Salz, diesen packte, am Tag, an dem er zum Schierlingsbecher griff; Ab-

kömmling jenes anderen trübsinnigen Teufelchens, von Descartes, das, klein wie eine grüne Mandel, genug hatte von den Kreisen und Geraden und die Kanäle lang hinausging, dem Gesang der betrunkenen Matrosen zu lauschen. Engel und Muse kommen von außen. Der Engel gibt Licht. Die Muse schenkt Formen (Hesiod lernte von ihnen). Goldenes Brot oder Falte der Tunika, der Dichter erhält Auflagen in seinem Lorbeerwäldchen. *Duende* hingegen muß man in den hintersten Wohnungen des Blutes erwecken.
Der wirkliche Kampf ist jener mit dem *duende*.
Die Ankunft des Daimon setzt immer eine radikale Umkehrung aller traditionellen Formen voraus und vermittelt das Empfinden einer ganz und gar neuen Frische. Die hat die Vorzüge einer eben geschaffenen Rose, eines Wunders, vermag einen beinahe religiösen Enthusiasmus zu bewirken.
In der ganzen arabischen Musik – Tanz, Gesang oder Elegie – wird die Ankunft des *duende* mit kräftigen »Allah! Allah!« begrüßt, so nahe dem »ôle!« der Stierkämpfe, daß man sich fragt, ob es nicht das selbe ist.
Ist der Ausbruch erst einmal erfolgt, spüren alle seine Wirkung, versteht sich: der Eingeweihte, der staunt, wie da ein Stil über die dürftige Materie gesiegt hat; der Laie, der vage eine echte Emotion empfindet.
Jede Kunst, sogar jedes Land, ist für Daimon, Engel und Muse empfänglich. So hat Deutschland, mit Ausnahmen, Muse; Italien immerzu Engel; Spanien aber ist zu allen Zeiten von *duende* erregt, als Land tausendjähriger Musik, tausendjährigen Tanzes, allwo *duende* Zitronen der Morgenfrühe auspreßt, wie als Land des Todes, als Land, das sich dem Tode aufmacht.
Überall sonst ist der Tod ein Ende. Er tritt ein, und man zieht die Vorhänge zu. Nicht so in Spanien. In Spanien zieht man sie auf. Viele Leute leben hier in ihren vier Mauern bis zu dem Tag ihres Absterbens, Tag, an dem man sie an die Sonne holt. Ein Toter in Spanien ist als Toter lebendiger als irgendwo sonst auf der Welt: Sein Profil verwundet, wie die Klinge eines Rasiermessers. Das Sprücheklopfen um den Tod ist den Spaniern so vertraut wie die stille Betrachtung über den Tod. Von Quevedos *Schädeltraum* bis zum *Bischof in Auflösung* des Valdés Leal, und von der Marbella im XVII. Jahrhundert, die, mitten auf dem Weg, an einer Niederkunft sterbend, sagt:
Das Blut meiner Eingeweide
ergießt sich über dein Pferd.
Seine Hufe schlagen
Flammen aus Teer . . .
bis, neulich, zum Jungen aus Salamanca, der, vom Stier tödlich getroffen, ausruft:
Seht, Freunde, ich sterbe,
Freunde, mir geht es ganz lausig.
Drei Taschentücher schon in der Wunde,
mit diesem hier macht es vier . . .
gibt es da einen ganzen Balkon voll Salpeterblumen, von dem aus ein Volk von Todesbetrachtern hinauslehnt. Mit Jeremias-Versen auf der rauhen, mit duftender Zypresse auf der lyrischen Seite. Ein Land jedenfalls, wo das wichtigste der Welt im letzten immer einen metallischen Abglanz von Tod bekommt. Bis hin zu den unzähligen Karfreitags-Riten, die, mit der hochkultivierten *fiesta de los toros,* den volkstümlichen Triumph des spanischen Todes heiligen.
Muse und Engel machen sich mit einer Geige oder einem Zirkel davon, *duende* aber verwundet, und in der Heilung dieser Wunde, die nie schließt, liegt die außergewöhnliche Originalität eines Werkes.
In Spanien (wie bei den Völkern des Orient, wo Tanz Ausdruck von Religion ist) wirkt *duende* schrankenlos auf die Leiber der Tänzerinnen von Cádiz, Martial schon rühmte sie, auf den Brustkorb von Sängern, die Juvenal lobte, und auf die Liturgie der Corrida, ein echtes religiöses Drama, in dem man, wie zur Messe, einem Gott huldigt und opfert.
Man möchte meinen, alles Dämonische der klassischen Welt hätte sich in diesem vollendeten Fest versammelt, in dem sich Kultur und tiefe Sensibilität eines Volkes ausdrücken, und das dem Menschen seine schönsten Aufwallungen, seine heftigsten Leidenschaften, seine besten Tränen offenlegt. Denn weder im spanischen Tanz noch beim Stierkampf vergnügt man sich. Der *duende* übernimmt es dort, vermittels des Dramas das Leiden

entstehen zu lassen, ausgehend von lebendigen Formen. Und er besorgt die Leitern, über die man der umgebenden Wirklichkeit entrinnt.
Unmöglich, daß er sich wiederholt, das muß unbedingt unterstrichen sein. *Duende* wiederholt sich nie, wie sich die Formen der stürmischen See nicht wiederholen.
Beim Stierkampf erreicht der *duende* seine eindrücklichste Ausformung, denn hier muß er auf der einen Seite gegen den Tod ankämpfen, der ihn vernichten kann, auf der anderen gegen Geometrie und Maß, Grundlagen des Stierfestes.
Der Stier hat seine Bahn, der Torero die seine. Zwischen den beiden der Scheitelpunkt der Gefahr in diesem schrecklichen Spiel.
Die Muse kann eine *Muleta* führen, ein Engel die *Banderillas*. Und damit mag man als guter Torero durchgehn.
Bei der Arbeit mit der *Capa* aber, wo der Stier noch ganz ist, und im Augenblick des Tötens, braucht es die Hilfe von *duende,* will man hineintreffen in die künstlerische Wahrheit.
Ein Torero, der das Publikum der Arena mit seiner Kühnheit erschreckt, macht kein Toreo; vielmehr versetzt er sich – und das kann fast jeder – in die lächerliche Lage dessen, der sein Leben aufs Spiel setzt; während der Torero, der von *duende* besessen ist, dem Publikum eine Lektion in pythagoräischer Musik erteilt und dieses vergessen macht, daß er ständig sein Herz auf die Hörner des Stieres legt.
Lagartijo mit seinem lateinischen, Joselito mit seinem jüdischen, Belmonte mit seinem barocken und Cagancho mit seinem zigeunerhaften *duende,* vom Dämmer des magischen Runds aus zeigen sie Dichtern, Malern und Musikern vier weite Wege der spanischen Tradition auf.
Spanien ist das einzige Land der Erde, in dem der Tod ein nationales Schauspiel ist, in dem der Tod seine langstieligen Trompeten bläst, wenn der Frühling kommt, Land, dessen Kunst immer beherrscht ist von einem scharfkantigen *duende,* der ihm sein Anderssein bescherte und das spezifische Gewicht seiner Erfindungskraft.

Ernest Hemingway
(1899–1961)

Dem illustren *americano* gebührt das Verdienst, den Stierkampf Nichtspaniern beigebracht zu haben. Mit *Tod am Nachmittag* verfaßte er vor fünfzig Jahren ein rationales Kompendium der Tauromachie, das man, mit den Abstrichen an Überholtem, noch heute mit Genuß und Gewinn liest, am besten mehrmals. Insbesondere entdeckte er dem Rest der Welt – und, mit der systemimmanenten Verspätung, vielen Spaniern – mit *Fiesta* die Zelebrationen zu Ehren von San Fermín, in Pamplona, wo sie bei den *encierros* die Stiere und den Wein durch die Straße laufen lassen. In Pamplona muß man heute mit kalifornischem Akzent *euskera* reden, will man dabei sein. Abertausende von kleinen Hemingways grassieren durch die Pyrenäen. Mit seiner Erzählung *Der Unbesiegte,* mit anderen short stories schaffte er dem Toreo Denkmäler in jener Sprache, die das Spanische als Weltsprache abgelöst hatte. In dem ursprünglich für Life geschriebenen Report *A dangerous summer,* der Hemingways letzte Spanienerfahrung von 1958/89 zusammenfaßt, konstruierte er zwischen den verschwägerten Matadoren Antonio Ordóñez und Luis Miguel Dominguín einen gnadenlosen Wettbewerb, den er für sein Werk wohl selbst dramatisch zugespitzt hatte. Und der ihm viel böses Blut eintrug, wie auch seine Ausfälle gegen Manolete, den er, rechnen die Spanier nach, nicht hatte sehen können. Fehleinschätzungen aus Leidenschaft, Partei- und Rücksichtnahmen, bedenkt man, daß die beiden Herren Großmeister bei ihren Wunderkämpfen in der nun doch schon sehr touristischen Malagueta mit dreijährigen Stierchen – gut ausgewachsenen Kälbern, deren Hörner gekappt waren, rasiert –, also mit invaliden

Gegnern ihre hochgejubelten Triumphe des Jahrhunderts feierten. Besser ist, Hemingway braucht nicht mehr mit anzusehn, was sein Favorit außerhalb der Arena aufführt – soll er sich im Grabe umdrehn und mit uns jenem Tod am Nachmittag nachträumen:

Und oben in Sidneys Zimmer all die, die kamen und um Arbeit baten, wenn er kämpfte, diejenigen, die Geld borgen wollten und die um ein altes Hemd, einen Anzug kamen; alles Stierkämpfer, alle irgendwo zur Essenszeit wohlbekannt, alle konventionell höflich, alle in übler Lage; die *muletas* zusammengefaltet und aufgehäuft; die *capas* alle flach zusammengefaltet, die Degen in den gepunzten Lederbehältern; alles in der Kommode; *muleta*-Stöcke sind in der untersten Schublade, Anzüge im Koffer aufgehängt, in Tücher eingeschlagen zum Schutz der Goldstickerei; mein Whisky in einem irdenen Krug; Mercedes, bring die Gläser; sie sagt, er hat die ganze Nacht über gefiebert und ist erst vor einer Stunde ausgegangen. Und dann kommt er herein. Wie geht es? Großartig. Sie sagt, du hättest Fieber. Aber jetzt fühl ich mich großartig. Was sagen Sie, Doktor, warum nicht hier essen? Sie kann irgend etwas holen und einen Salat machen. Mercedes, ach Mercedes.

Dann konnte man quer durch die Stadt gehen, und ins Café, wo man, wie es heißt, sein Wissen herbezieht, wo man erfährt, wer wem Geld schuldete und wer dies wem abgeluchst hatte und warum er ihm gesagt hatte, er könne ihn am Arsch lecken, und wer von wem Kinder hatte und wer wen geheiratet hatte, wovor und wonach und wie lange man für dies und das brauchte, und was der Arzt gesagt hatte. Wer so erfreut gewesen war, weil die Stiere verspätet ankamen und erst am Tag des Kampfs ausgeladen wurden – natürlich schwach auf den Beinen, nur zwei Manöver, bums, und es ist alles erledigt, sagte er –, und dann regnete es, und der Kampf wurde um eine Woche verschoben, und da war's, als es ihn erwischte. Wer nicht mit wem kämpfen wollte und wann und warum, und tut sie's? Natürlich tut sie's, du Trottel, du hast nicht gewußt, daß sie's tut? Bestimmt, und das ist alles und auf keine andere Weise; sie verschlingt einen bei lebendigem Leibe; ja, lauter solch nützliche Neuigkeiten erfährt man in Cafés. In Cafés, wo die Jungens immer recht haben; in Cafés, wo sie alle tapfer sind, in Cafés, wo sich die Untertassen türmen und die Preise der Getränke mit Bleistift zwischen den entschalten Garnelen vergangener Saisons auf den marmornen Tischplatten angeschrieben werden und man sich wohl fühlt, denn keine anderen Triumphe sind so sicher, und jeder Mann ist gegen acht Uhr erfolgreich, falls jemand im Café die Zeche bezahlen kann.

Was sollte es noch enthalten über ein Land, das man sehr liebt? Rafael sagt, daß sich alles sehr verändert hat und er nicht mehr nach Pamplona fahren will. *La Libertad,* finde ich, wird ganz und gar wie *Le Temps.* Es ist nicht mehr das Blatt, in dem man eine Anzeige aufgeben kann und weiß, daß der Taschendieb sie lesen wird, jetzt, wo alle Republikaner ehrbare Bürger sind, und natürlich hat sich Pamplona verändert, aber nicht um so viel mehr, als wir älter geworden sind. Ich fand, daß, nachdem man einen gekippt hatte, alles wieder ziemlich so wurde, wie es immer gewesen war. Ich weiß, daß sich jetzt alles verändert, und es ist mir gleich. Für mich hat sich alles verändert. Laß es sich alles verändern. Wir werden alle nicht mehr da sein, wenn es sich zu sehr verändert hat, und falls keine Sintflut kommt, wenn wir nicht mehr da sind, wird es immer noch im Sommer im Norden regnen, und Falken werden in der Kathedrale von Santiago nisten, und in La Granja, wo wir mit der *capa* auf den langen, kiesbestreuten Wegen zwischen den Schatten übten, macht es keinen Unterschied, ob die Springbrunnen spielen oder nicht. Wir werden nie mehr in der Dunkelheit aus Toledo zurückreiten und den Staub mit Fundador hinunterspülen, noch wird es die Woche geben, mit dem, was in der Nacht in jenem Juli in Madrid passierte. Wir haben alles vergehen sehen, und wir werden beobachten, wie es wieder vergeht. Die Hauptsache ist durchhalten und seine Arbeit zu Ende führen und zu sehen und zu hören und zu lernen und zu verstehen; und zu schreiben, wenn es etwas gibt, was man weiß; und nicht vorher; und nicht zu verdammt viel später. Laß die, die es wollen, die Welt retten, wenn du nur dahin

kommst, sie deutlich und als Ganzes zu sehen. Dann wird jeder Teil, den du machst, das Ganze repräsentieren, wenn es ehrlich gemacht ist. Was man tun muß, ist arbeiten und lernen, wie es zu machen ist. Nein. Ich habe nicht genug aus diesem Buch gemacht. Dennoch waren da ein paar Dinge, die gesagt werden mußten. Es gab ein paar praktische Dinge, die gesagt werden mußten.

Quellennachweis

Federico Garcia Lorca, Klage um Ignacio Sánchez Mejías, in Gedichte. Ü: Enrique Beck.
Camilo José Cela, aus: Toreo de salón. Editorial Lumen. Barcelona 1963. Ü: Pierre Imhasly.
Barnaby Conrad, aus: The greatest bullfight ever, in Esquire Magazine. Ü: Jürgen Abel.
Rainer Maria Rilke, Corrida aus: Der neuen Gedichte anderer Teil, in Rilke Sämtliche Werke. Gedichte. Insel Verlag. Frankfurt 1975.
Gregorio Corrochano, aus: No es cómodo ser figura del toreo, in: Qué es torear? Revista de Occidente. Madrid 1966. Ü: Pierre Imhasly.
John Steinbeck, aus: I even saw Manolete, in Time. Ü: J. Abel.
Pablo Neruda: Stier, aus Zeremonielle Gesänge, in Dichtungen II, Luchterhand Verlag, Neuwied und Berlin 1967. Ü: Erich Arendt.
Kenneth Tynan, aus: El Cordobés – und der Temendismo, in Bull fever. Longmans, Green & Co. Ltd. Ü: J. Abel.
Miguel Cervantes, aus: Kapitel 58, in Don Quijote. Winkler-Verlag. München. Ü: Ludwig Braunfels.
Vicente Aleixandre, Stier, in: Nackt wie der glühende Stein. Rowohlt. Hamburg 1963. Ü: Erich Arendt.
José Bergamín, Fragmente aus: Arte de birlibirloque, in Mariano Roldán: Poesía hispánica del toro. Escelicer. Madrid 1970. Ü: Pierre Imhasly.
Robert Graves, aus: The decline of bullfight. A. P. Watts & Son. Ü: J. Abel.
Juan Belmonte, aus: Manuel Chaves Nogales, Juan Belmonte, matador de toros, su vida y sus hazañas. Alianza Editorial. Madrid 1969. Ü: P. Imhasly.
Miguel Hernández, Como el toro, in: Musuem der modernen Poesie. Suhrkamp Verlag. Frankfurt 1960. Ü: Hans Magnus Enzensberger.
Federico García Lorca, aus: Teoría y juego del duende, in Prosa. Alianza Editorial. Madrid 1980. Ü: P. Imhasly.
Ernest Hemingway, Schluß aus Kap. 20, in Tod am Nachmittag. Rowohlt Taschenbuch Verlag. Hamburg 1980. Ü: Annemarie Horschitz-Horst.

Fotonachweis

Arjona: Seite 14, 15, 31, 33 (1), 38/39, 93 (1), hintere Umschlagseite
Botán: 13, 117
Paco Cano: 10, 11, 12 (1), 21, 22 (2), 23, 24/25, 26 (1), 28, 29, 30 (1), 32 (2), 33 (2), 34/35, 36, 37 (2), 40, 48, 50, 51, 52, 53, 63, 64 (1), 65 (1), 66, 68, 70/71, 72, 73, 75 (1), 76, 77, 80/81, 88, 90, 95, 97, 99, 110, 112, 114/115, 116, 118, 124 (1), 130, 132, 133, 135, 136 (2), 137, 172, 178, 183, 189
Lucien Clergue: 120, 121, 146/147
Yvan Dalain: 16, 19, 20, 22 (1), 26 (1), 32 (2), 42, 43 (1), 44, 45, 46, 47, 86/87 (2), 100/101, 102, 104/105, 106, 111, 122/123, 124 (1), 125 (1), 127, 134 (1), 138, 139, 140, 141 (1), 142, 145, 162, 166, 169, 181 und innere Umschlagseiten
Horst Munzig: 103 (1), 108/109, 136 (1), 158, 159, 160, 161, 171
Jacques D. Rouiller: 18
Erich Schöpfer: 8/9, 26 (1), 30 (1), 37 (1), 74, 125 (1) und Titelbild
Blanco 98, Braun 82/83, F. Gattlen 54, P. Imhasly 6, 12 (5), 43 (1), 55, 65 (1), 69, 89, 103 (1), 128, 134 (1), 136 (1), 141 (1), Jesus 94, Lendinez 84 (1), 85, Madrigal 78/79, Martin 92, Mateos 93, Moratella Barba 87 (1), Torrecillas 84 (1)

Autor und Verlag danken Lucien Clergue, Yvan Dalain, Horst Munzig, Jacques D. Rouiller und Erich Schöpfer für die freundschaftliche Überlassung ihrer Bilder.

Die gestrophten Kapitelüberschriften im Hauptteil wurden aus *letras,* Texten von Flamencogesängen gestaltet.